咖啡低产园改造技术彩色图解

主 编 孙 燕 张 昂 董云萍

中国农业科学技术出版社

图书在版编目（CIP）数据

咖啡低产园改造技术彩色图解 / 孙燕，张昂，董云萍主编 . -- 北京：中国农业科学技术出版社，2023.12

ISBN 978-7-5116-6620-8

Ⅰ.①咖… Ⅱ.①孙… ②张… ③董… Ⅲ.①咖啡 – 栽培技术 – 图解 Ⅳ.①S571.2-64

中国国家版本馆 CIP 数据核字（2023）第 255037 号

责任编辑	张志花
责任校对	王 彦
责任印制	姜义伟　王思文

出 版 者	中国农业科学技术出版社
	北京市中关村南大街 12 号　邮编：100081
电　　话	（010）82106636（编辑室）（010）82106624（发行部）
	（010）82109709（读者服务部）
网　　址	https://castp.caas.cn
经 销 者	各地新华书店
印 刷 者	北京科信印刷有限公司
开　　本	170 mm×240 mm　1/16
印　　张	13.5
字　　数	220 千字
版　　次	2023 年 12 月第 1 版　2023 年 12 月第 1 次印刷
定　　价	59.80 元

◆ 版权所有·翻印必究 ◆

编委会

主　编　孙　燕　张　昂　董云萍

副主编　赵青云　黄丽芳　龙宇宙

编　者（以姓氏笔画为序）

　　　　　王晓阳　王曦奥　刘爱勤

　　　　　闫　林　孙世伟　林兴军

　　　　　唐　冰　薛　超

本书的出版，得到海南省重点研发计划"异源双根重构咖啡根系缓解连作障碍关键技术研究与示范"（ZDYF2022XDNY183）、国家自然科学基金青年基金项目"异源双根调控根际化感物质缓解咖啡连作障碍的微生物生态机制"（32101847）、海南省自然科学基金面上项目"异源双根克服咖啡连作障碍的根际化感物质组分表征及调控机理"（321MS0804）和"中粒种－大粒种异源双根协同克服咖啡连作障碍的双根互作机制"（321MS093）等项目资助，以及农业农村部香辛饮料作物遗传资源利用重点实验室、国家农业科学万宁观测实验站、海南省张福锁院士团队创新中心、海南省热带香辛饮料作物遗传改良与品质调控重点实验室、万宁农业资源环境海南省野外科学观测研究站等平台支持。

前　言

咖啡是世界三大饮料中产量、消费量和经济价值均居首位的热带经济作物。咖啡除作饮料及制作咖啡糖果、果脯、冰淇淋、果冻等应用于食品工业外，还可提取咖啡碱用于制作麻醉剂、兴奋剂、利尿剂和强心剂等医药用品。咖啡鲜果肉可用来酿醋、酿酒、提炼果胶和提取咖啡因；干果肉可作饲料；果壳还可制作肥料、炭砖、燃料和硬纤维板；咖啡花可提取高级香料。

目前，全世界有70多个国家和地区种植咖啡，栽培较多的有小粒种咖啡、中粒种咖啡和大粒种咖啡。中粒种适宜高温高湿气候，而小粒种适宜高海拔温凉气候，根据咖啡品种对气候环境的适应性，我国形成了以中粒种为主的海南植区和以小粒种为主的云南植区，国内咖啡产业历经从"0"到"1"的发展过程，逐渐形成种植面积超过9.3万公顷，年产咖啡豆13万吨，咖啡豆及成品年产值约40亿元的热带特色产业。其中，海南咖啡年产值14.4亿元，覆盖万宁、澄迈、白沙、琼中等咖啡优势植区，生产出的中粒种咖啡具有坚果香味、醇厚度高等特点，"兴隆咖啡""福山咖啡"等品牌享誉国内外；云南咖啡年产值24.46亿元，生产出的小粒种咖啡具有花香味、果香味、酸度高等特点，优势植区普洱更是有"中国咖啡之都"的美誉。咖啡产业在巩固脱贫攻坚成果、促进乡村振兴和服务"一带一路"倡议中发挥了重要作用。

据统计，我国咖啡消费量仍将不断增加，发展潜力的发掘得到广泛重视，但是咖啡产业也面临着许多挑战。咖啡为浅根系作物，喜静风、荫蔽或半荫蔽、湿润环境，花期、果期较集中，并且由于异花授粉后代变异大、抗性品种较缺乏等，使得部分种植园在忽视咖啡生长发育规律的前提下盲目管理，导致咖啡长势参差不齐，单产偏低。本书编者长期从事咖啡科研与生产，所在单位是国内最早专业从事咖啡产业化配套技术研究与示范的科研机构。本书是在本单位近年来咖啡科技成果和生产实践的基础上，参考大量国内外相关资料编写完成的。全书系统地介绍了咖啡的发展历史、生物学特征、低产园改造技术等基础知识，内容力求实用，图文并茂，以期为从事咖啡生产种植、技术推广和科学研究的人员，以及相关专业的大中专院校师生提供有益的参考，有助于促进咖啡产业的可持续发展。

本书编写过程中得到其他单位的热情支持和帮助，在此谨表诚挚的谢意！由于编者水平所限，书中难免有错漏之处，恳请读者批评指正。

编 者

2023 年 8 月

目　录

第一章　概述 …… 1

第一节　咖啡起源与传播 …… 1
一、咖啡的起源 …… 1
二、咖啡的传播 …… 2

第二节　咖啡的种和品种 …… 4
一、小粒种咖啡 …… 4
二、中粒种咖啡 …… 4
三、大粒种咖啡 …… 5

第三节　生产与消费现状 …… 5
一、咖啡生产情况 …… 5
二、咖啡消费情况 …… 6
三、主要成分与用途 …… 8

第二章　咖啡生物学特征 …… 10

第一节　形态特征 …… 10
一、植株 …… 10
二、根 …… 10
三、茎 …… 11
四、叶 …… 11
五、花 …… 12
六、果实 …… 12

第二节　树干生长及开花结果习性 ………………………… 14
　　一、树干生长与树冠形成 …………………………………… 14
　　二、枝条生长习性 …………………………………………… 15
　　三、开花及结果习性 ………………………………………… 18

第三节　环境要求 ……………………………………………… 19
　　一、地形 ……………………………………………………… 20
　　二、土壤条件 ………………………………………………… 20
　　三、气候条件 ………………………………………………… 20

第四节　咖啡生态适宜区划分 ………………………………… 22
　　一、划分的依据和指标 ……………………………………… 22
　　二、咖啡生态适宜性分区 …………………………………… 22

第三章　咖啡低产园改造技术 ……………………………… 28

第一节　咖啡芽接换种技术 …………………………………… 28
　　一、咖啡芽接换种需求 ……………………………………… 28
　　二、技术要点 ………………………………………………… 29

第二节　咖啡种间嫁接技术 …………………………………… 35
　　一、咖啡种间嫁接需求 ……………………………………… 35
　　二、技术要点 ………………………………………………… 35

第三节　咖啡整形修剪技术 …………………………………… 53
　　一、咖啡整形修剪的生物学依据 …………………………… 53
　　二、技术要点 ………………………………………………… 53

第四节　咖啡间作技术 ………………………………………… 59
　　一、咖啡荫蔽度需求规律 …………………………………… 59
　　二、技术要点 ………………………………………………… 61

第五节　咖啡覆盖技术 ………………………………………… 89
　　一、咖啡覆盖需求 …………………………………………… 89
　　二、技术要点 ………………………………………………… 90

第六节　咖啡营养诊断指导施肥技术 …………………………… 98
　　一、咖啡养分需求规律 ………………………………………… 98
　　二、技术要点 ………………………………………………… 105
第七节　咖啡病虫害防治技术 …………………………………… 118
　　一、咖啡病虫害防治的重要性 ………………………………… 118
　　二、咖啡主要病害及防治 ……………………………………… 118
　　三、咖啡主要虫害及防治 ……………………………………… 125

参考文献 ……………………………………………………… 132

附录 …………………………………………………………… 135

　附录一　NY/T 358—2014 …………………………………… 135
　附录二　DB 46/T 245—2013 ………………………………… 146
　附录三　T/HNBX 113—2021 ………………………………… 155
　附录四　NY/T 922—2004 …………………………………… 161
　附录五　DB 46/T 274—2014 ………………………………… 172
　附录六　T/HNBX 128—2021 ………………………………… 179
　附录七　T/HNBX 127—2021 ………………………………… 187
　附录八　NY/T 1698—2009 …………………………………… 191
　附录九　DB 46/T 276—2014 ………………………………… 201

第一章

概 述

第一节 咖啡起源与传播

一、咖啡的起源

"咖啡"一词源自希腊语"Kaweh",意思是"力量与热情"。也有说源自阿拉伯语"Qahwah",意思是"植物饮料"。后来咖啡流传到世界各地,就采用其来源地"KAFFA"命名,直到18世纪才正式以"Coffee"命名。西方人所熟知的咖啡知识与文化有300年的历史,然而在东方,在更久远的年代咖啡就作为一种饮料在社会各阶层普及。咖啡出现最早且最确切的时间是公元前8世纪,在荷马的作品以及许多古老阿拉伯传说里就已记述了这种神奇的色黑、味苦涩且刺激强烈的饮料。

最普遍且最为大众所乐道的是"牧羊人的故事"。根据黎巴嫩语言学家法斯特·奈洛尼(1613—1707年)在《不知睡眠的修道院》中的记载,大约公元6世纪,有位阿拉伯牧羊人卡尔代某日赶羊到伊索比亚草原放牧,看到每只山羊都显得无比兴奋,雀跃不已,他觉得很奇怪,后来经过细心观察发现,这些羊是吃了某种红色果实才会这样,卡尔代好奇地尝了一些,发觉这些果实非常香甜美味,食后精神爽快,后来,他便将这些果实采摘分给修道院的修士们吃,他们吃完也觉得神清气爽,其神奇效果因此流传开来,而这些果实就是咖啡果。

另一个是伊斯兰教徒盛行的"雪克·欧玛酋长的传说"。伊斯兰教徒阿布达尔·卡迪在其1587年编撰的《咖啡由来》书中记载,阿拉伯半岛的守护圣徒雪克·卡尔第的弟子雪克·欧玛在摩卡是很受人民尊敬及爱戴的酋长,但在1258年，因犯罪遭族人驱逐，被流放到该国的俄萨姆，正当饥肠辘辘的欧玛坐在树下休息时，听见枝头的小鸟以一种从未听过、极为悦耳的声音啼叫，仔细观察后发现小鸟是在啄食枝头上的果实后，才发出这动听的啼叫声。于是他将此果实采摘下来加水熬煮，不料竟散发出浓郁诱人的香味，饮用后原本疲惫的感觉也随之消失。后来欧玛便采集了许多这种神奇果实，遇到病人便给他们熬汤饮用。由于其四处行善，国王便赦免了他的罪行，请他回到故乡，并推崇为"圣者"。而当时神奇的治病良药，据说就是咖啡。

还有一个关于咖啡且富有浪漫色彩的"法国海军军官的故事"。由于某些原因，法国海军军官加布里埃尔·马蒂厄·德·克利即将离开巴黎前往马提尼克岛，然而他舍不得自己的"恋人"——咖啡，便设法寻找到一些咖啡树，决心将它们带到马提尼克岛种植。在1720—1723年，他往返两地两次，终于挑选出一棵最茁壮的树苗，从南特（Nantes）启航。为保温及防止海水冲溅，他将树苗保管在甲板上的一个玻璃箱里，一路精心呵护，虽然途中他的船受到突尼斯海盗的攻击，同时又受到暴风雨的威胁，但历经多重艰难险阻，最终到达马提尼克岛，这棵树苗似乎也像德·克利一样，有着顽强的生命力，从此扎根并在这里繁衍生息。

二、咖啡的传播

咖啡在非洲的埃塞俄比亚卡发省（KAFFA）被发现，后来，一批批奴隶从非洲被贩卖到也门和阿拉伯半岛，咖啡也从埃塞俄比亚传向也门、阿拉伯半岛和埃及。可以肯定，也门在15世纪或是更早就已经开始种植咖啡。正是在埃及，咖啡业迅猛发展，使得喝咖啡很快在人们的日常生活中流行。也门虽然有着当时世界上最繁华的港口城市摩卡，但却禁止任何咖啡种子出口，这道障碍最终被荷兰人突破，1616年，他们终于将成活的咖啡植株和种子偷运到荷兰，开始在温室中种植。

到16世纪时，早期的商人已在欧洲贩卖咖啡，由此将咖啡作为一种新型饮料引入西方的风俗和生活中。绝大部分出口欧洲市场的咖啡来自亚历山大港和士麦那，但是随着市场需求的日益增长，进出口港口的高额关税，以及咖啡种植技术的提高，人们开始尝试把咖啡移植到其他国家。荷兰人在他们的海外殖民地（巴达维亚和爪哇），1723 年，法国人在马提尼克岛（位于拉丁美洲），以及随后又在安的列斯群岛都移植了咖啡；后来英国人、西班牙人和葡萄牙人开始侵占亚洲和美洲热带咖啡种植区。

1727 年，巴西北部开始种植咖啡，然而糟糕的气候条件促使人们不得不将这种植物逐渐转移到其他地区种植，最初是在里约热内卢，最后到了圣保罗和米纳斯州（1800—1850 年），终于找到咖啡最理想的生长环境。咖啡种植业在这里发展壮大，直到成为巴西最重要的经济支柱。在 1740—1850 年，咖啡已普遍种植于中南美洲。

咖啡传播历史纪年如下。

★ 17 世纪早期，德国人、法国人、意大利人以及荷兰人都竞相把咖啡推销到他们各自的海外殖民地。

★ 1616 年，一株咖啡树经摩卡港转到荷兰，使荷兰人在咖啡种植的竞争中取得上风。

★ 1650 年左右，英国牛津出现了西欧第一家终日弥漫着咖啡香味的咖啡店。

★ 1658 年，荷兰人开始在锡兰种植咖啡。

★ 1699 年，荷兰人使爪哇出现了第一批欧式种植园。

★ 1715 年，法国人将咖啡树种带到了波旁岛。

★ 1718 年，荷兰人把咖啡带到了南美洲的苏里南，拉开了世界咖啡中心区域（南美洲）咖啡种植业飞速发展的序幕。

★ 1723 年，法国人加布里埃尔·马蒂厄·德·克利将咖啡树苗带到马提尼克岛，开启拉丁美洲咖啡种植。

★ 1727 年，南美洲的第一个咖啡种植园在巴西帕拉建立，随后在里约热内卢附近种植。

★ 1730 年，英国人把咖啡引入牙买加，这之后富有传奇色彩的牙买加蓝山咖啡开始在蓝山地区生长。

★ 1750—1760 年，危地马拉开始种植咖啡。

★ 1779 年，咖啡从古巴传入了哥斯达黎加。

★ 1790 年，咖啡第一次在墨西哥种植。

★ 1825 年，咖啡种子从里约热内卢被带到了夏威夷岛屿，成为之后享有盛名的夏威夷可娜（Kona）咖啡。

★ 1878年，英国人使咖啡登陆非洲，在肯尼亚建立咖啡种植园。

★ 1884年，咖啡在中国台湾首次种植成功。

★ 1887年，法国人带着咖啡苗在越南建立了种植园。

★ 1896年，咖啡登陆澳大利亚昆士兰。

★ 20世纪初，法国传教士将第一批咖啡苗带到中国云南省的宾川县，从此咖啡开始在中国大陆种植。

第二节 咖啡的种和品种

咖啡（*Coffea* Linn.）为茜草科咖啡属植物，该属包含大约100个种，且仍有新种不停地被发现。其中，具有商业栽培价值的主要有2个种：小粒种或称阿拉比卡咖啡（*C. arabica* Linné），约占世界咖啡栽培面积的65%，以及中粒种或称罗布斯塔咖啡（*C. canephora* Pierre），约占栽培面积的35%，还有常见栽培种大粒种或称利比里亚咖啡（*C. liberica* Bull ex Hiern），其余种类主要作为种质资源和育种材料保存。

一、小粒种咖啡

原产埃塞俄比亚，为常绿灌木，树形矮小，高4~5米，枝干细长而直立，木栓化较早，叶片小而尖，长椭圆形，叶缘有波纹。分枝上单节果粒数较少，每节12~15个，但枝条上果节数较多，管理良好时产量与中粒种相当。果实成熟时果皮鲜红色，果肉较甜而多汁，易与种子分离，豆粒种皮易除去，咖啡碱含量1%~2%，品质香醇。易感染叶锈病，且易受咖啡灭字脊虎天牛等为害。

全世界小粒种栽培较多的主要有铁毕卡变种、波邦变种、卡杜拉变种、蒙多诺沃栽培种、抗锈品种卡蒂姆。我国云南咖啡植区主要种植小粒种，主栽品种有卡蒂姆7963、P3、P4等。

二、中粒种咖啡

原产刚果，树形开张，高6~8米，主干粗壮，枝干木栓化较迟，分枝长而柔软,结果后下垂,叶片长而大,长椭圆形,质软而薄,有光泽,叶缘有波纹。单节果粒数 25～30 个,果实圆形或扁圆形,成熟时深红色、紫红色,果皮和果肉较薄,紧贴种子不易分离。咖啡碱含量 1.5%～2.5%,产量高,香味浓,极少感染锈病且不易受天牛为害。

我国海南咖啡植区主要种植中粒种,由中国热带农业科学院香料饮料研究所选育的"热研 1 号""热研 2 号""热研 3 号"等国审或海南省认定的中粒种高产无性系,产量为 2.03～3.55 吨/公顷,目前已在海南大规模推广种植。

三、大粒种咖啡

原产非洲利比里亚,树形高大,可达 10 米,树干粗壮,主枝与主干成锐角斜向上方生长,枝条粗硬,叶片椭圆形或长椭圆形,革质,厚硬而有光泽,叶缘波纹不明显,单节果粒数较少,有的每节仅有 5～6 个,产量较低,果实大,长圆形,成熟时朱红色,果皮及果肉厚硬,果脐明显突起,鲜干比(7～10):1,内果皮厚而硬,种皮紧贴种仁,豆粒大,每 500 克种子约 650 粒。咖啡碱含量 1.4%～1.6%,主根深,较耐旱抗风,成龄树不用荫蔽,有感染锈病的现象。

第三节　生产与消费现状

一、咖啡生产情况

咖啡极易受霜冻危害,气候是咖啡种植的决定性因素,咖啡只适合生长在南北纬 25°之间的热带或亚热带地区,该区域一般被称为"咖啡生长带"。目前,全球有 79 个国家和地区种植咖啡,基本分布在世界三大咖啡产区:非洲、东南亚和中南美洲。

据联合国粮食及农业组织(FAO)统计,2018/2019 年全球咖啡收获面积近 1.6 亿亩[①]。其中收获面积在 150 万亩以上的有巴西、印度尼西亚、哥伦比亚、

---

① 1 亩 ≈ 667 米^2,15 亩 =1 公顷。

埃塞俄比亚、墨西哥、越南、洪都拉斯等18个国家，这些国家咖啡收获总面积超1.4亿亩，约占全球收获面积的90%，其他61个国家和地区约占10%。

美国农业部数据显示，全球2018/2019年咖啡生豆产量约为1 048万吨，咖啡消费量约为989万吨，分别同比增长10%和3%（图1-1），前五大咖啡生产国分别为巴西、越南、哥伦比亚、印度尼西亚和埃塞俄比亚。其中，巴西和越南两国2018/2019年咖啡生豆产量合计达571万吨，约占全球咖啡总产量的54%。同期，中国咖啡生豆产量为13.2万吨，占全球比重不足1.3%，排在全球第13位。

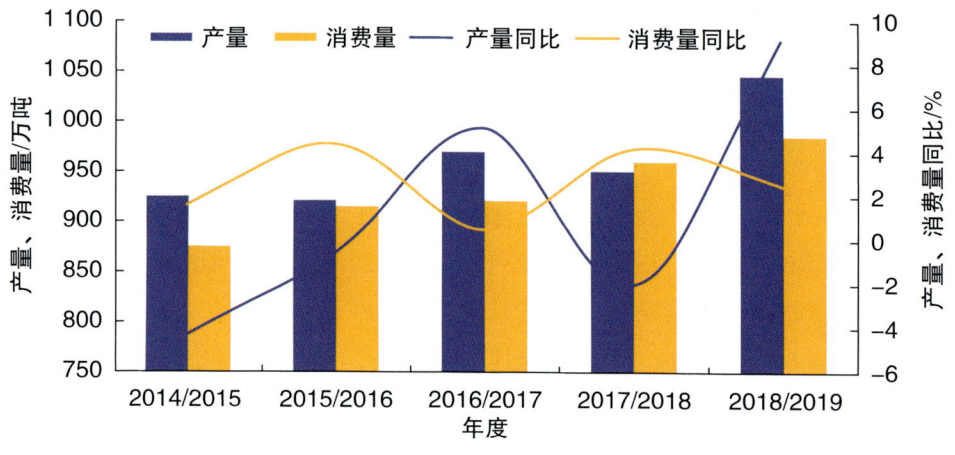

图1-1　2014/2015—2018/2019年全球咖啡总产量及消费量

二、咖啡消费情况

咖啡消费端主要集中在欧、美、日等经济发达国家和地区。由于咖啡文化普及程度和居民购买力的差异，咖啡消费量在不同地区存在差异，欧洲、北美洲（发达地区）、中南美洲（种植区）人均咖啡消费量显著高于亚太和非洲。根据美国农业部数据，2014/2015—2018/2019年，全球咖啡消费量呈逐年增长的趋势（图1-1）。目前，美国是全球最大的咖啡消费国，2018/2019年消费量达163万吨，占全球总消费量的16%。同期，中国咖啡消费量为19万吨，占比不足全球的2%，排在全球第10位（图1-2）。

随着我国经济崛起、人民生活水平不断提高、旅游业的发展以及中西文化融合，中国加速接受西方消费文化，咖啡消费市场潜力逐步释放。2018/2019年产量高于出口量3万吨，预示着国人正在进一步认可接受咖啡。目前，中国是全球咖啡消费市场潜力最大的国家，《2017—2021年中国咖啡行业投资分析及前景预测报告》显示，中国咖啡消费量正以15%左右的年均增长率快速增长，而全球咖啡消费市场的平均增速只有2%。近年来，美国年人均饮用咖啡达到400杯以上，日本、韩国年人均在350杯以上，而我国年人均仅有10杯左右，增长潜力和市场容量巨大。

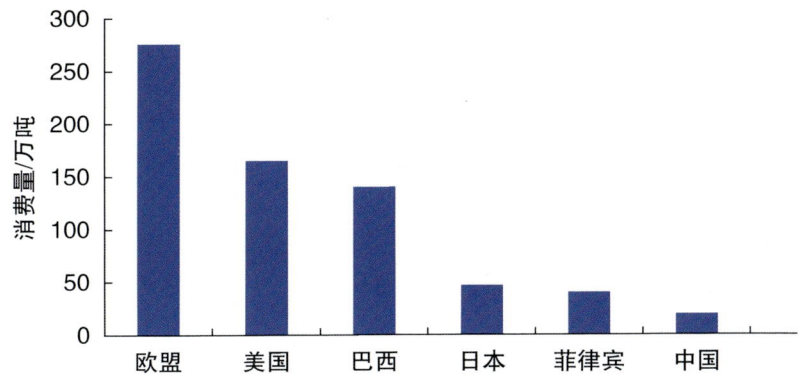

图1-2 2018/2019年咖啡前五大消费国家（地区）及中国消费量

受种植面积、期货价格、气候环境等影响，中国咖啡年产量起伏不定，不能满足国人日益增长的咖啡需求，中国每年都需从国外进口部分咖啡豆。中国咖啡进口量与产量成反比，受咖啡期货价格走低影响，2015/2016—2016/2017年中国咖啡生豆产量减少，进口量持续增长，进口总量近40万吨（图1-3）。2018/2019年，我国咖啡进口量为16万吨，消费量中仅3万吨由国内供给。根据咖啡金融网统计数据，2019年上半年，越南成为中国最大的咖啡进口国，进口数量高达10 848吨，金额超过1 700万美元；巴西位列第二（5 570吨，1 618万美元）；哥伦比亚位列第三（2 733吨，948万美元）；埃塞俄比亚位列第四（1 757吨，686万美元）；危地马拉位列第五（1 199吨，408万美元）。从2018/2019年中国进口咖啡产品类型看，咖啡生豆占48.4%，其次为咖啡制品和烘焙咖啡，合计占比近47%。

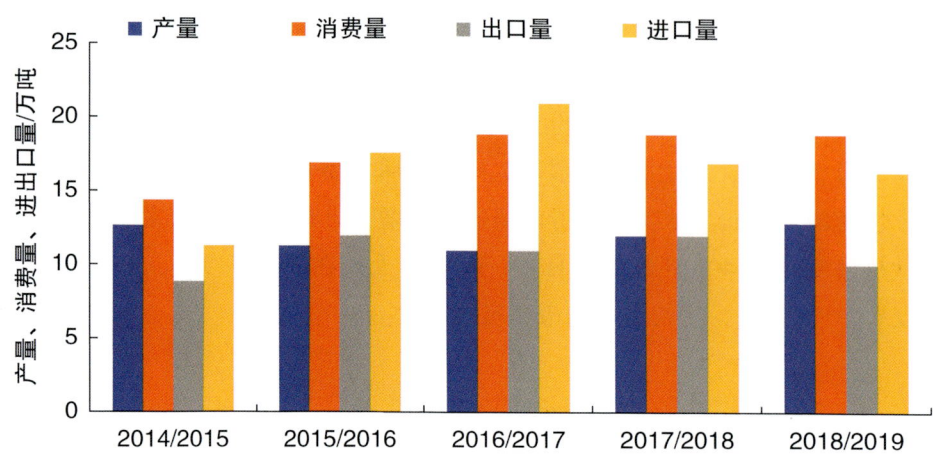

图1-3 2014/2015—2018/2019年中国咖啡产量、消费量及进出口量

三、主要成分与用途

咖啡豆主要含有咖啡因、丹宁酸、脂肪、蛋白质等成分（表1-1），除作饮料及制作咖啡糖果等应用于食品工业外，还可提取咖啡因用于制作麻醉剂等医药用品。咖啡鲜果肉、干果肉、果壳、咖啡花均有广泛用途，咖啡已成为现代社会中不可或缺的存在进而影响人们的生活。近年来，人们也从饮用品质、人体健康等方面对咖啡成分作用（表1-2）和咖啡功效（表1-3）进行了较深入研究。

表1-1 每100克咖啡豆中主要成分含量

成分	含量	成分	含量
咖啡因	1.3克	丹宁酸	8克
脂肪	16克	蛋白质	1.6克
糖类	1.7克	纤维素	9克
钙	120毫克	磷	170毫克
铁	42毫克	钠	3毫克
维生素B_2	1.12克	烟酸	1.5毫克
水分	1.2克	灰分	1.2克

表1-2 咖啡中主要成分的作用

成分	作用
咖啡因	有特别强烈的苦味,刺激中枢神经系统、心脏及呼吸系统。适量的咖啡因也可减轻肌肉疲劳,促进消化液分泌。它还能促进肾脏机能,有利尿作用,帮助多余钠离子排出体外。但摄入量过多会导致咖啡因中毒
丹宁酸	煮沸后的丹宁酸会分解成焦性没食子酸,所以冲泡过久的咖啡味道会变差
脂肪	其中最主要的是酸性脂肪及挥发性脂肪。酸性脂肪即脂肪中含有酸,其强弱因咖啡种类不同而异。挥发性脂肪是咖啡香气主要来源,它是一类能散发出约40种芳香成分的物质
蛋白质	所占比例不高,是卡路里的主要来源,但在煮咖啡时其中的蛋白质多半不会溶出来,所以摄入量有限
糖类	咖啡生豆所含糖分约为8%,经过烘焙后大部分糖分会转化成焦糖,使咖啡呈褐色,并与丹宁酸结合产生甜味
纤维素	生豆的纤维烘焙后会炭化,与焦糖结合形成咖啡的色调
矿物质	含有少量石灰、铁质、磷、碳酸钠等

表1-3 咖啡功效

功效	详解
消除疲劳	咖啡因是一种较为柔和的兴奋剂,它可以提高人体灵敏度和注意力、加速人体新陈代谢、改善人体精神状态和体能,从而消除疲劳
利尿祛湿	咖啡因可促进肾脏机能,排出体内多余钠离子,提高排尿量,改善腹胀水肿,有助减肥瘦身。黑咖啡利尿效果更明显
通便开胃	咖啡因能刺激交感神经,刺激胃肠分泌胃酸,促进消化,防止胃胀、胃下垂,促进肠胃蠕动,快速通便
解酒	酒后喝咖啡,能使由酒精转变而来的乙醛快速氧化,分解成水和二氧化碳排出体外
预防胆结石	咖啡因能刺激胆囊收缩,并减少胆汁内容易形成胆结石的胆固醇,研究发现,每天喝2~3杯咖啡的男性,得胆结石的概率下降40%
预防心血管疾病	在高温煮咖啡时,还会产生一种抗氧化的化合物,它有助于抗癌、抗衰老,甚至有预防心血管疾病的作用

第二章 咖啡生物学特征

第一节 形态特征

一、植株

咖啡为多年生常绿灌木或小乔木，因品种、生长环境、修剪方式的不同而呈现不同的树形，株高1.5～10米，小粒种较矮，中粒种中等，大粒种较高大。小粒种枝条密集，一般长成紧凑型圆筒状树冠。中粒种一级分枝较长，结果后常下垂，二级分枝少，树冠疏透开展。大粒种主干、枝条粗壮，种植多年后长成高大乔木。

二、根

咖啡根系为圆锥根系（图2-1），其形态、分布和深度均因品种、土壤质地和管理措施的不同而不同。在正常情况下，有1条粗而短的主根和许多发达的须根。主根一般不分叉，但苗期遇到障碍物或移苗受伤时，主根可从受阻处或根系伤口愈合处分生1～2条根作为延续主根。

咖啡根系有较明显的层状结构，一般每隔5厘米左右为一层。在30厘米以下，层状不明显，主根变细长呈吸收根形态向下伸展。表土层吸收根粗而洁白，30厘米以下的根颜色较黄，生长势弱。咖啡根系的水平分布一般超出树冠15～20厘米，侧根在受机械伤后迅速从伤口处长出1～2条新侧根，新侧根长出后即长出根毛，根毛起到吸收水分和养分的作用。咖啡新根在根系中最活跃。

在覆盖条件下，咖啡表层根系较密集；在土壤裸露条件下，咖啡表层根系少，高温季节表层根系易灼伤。

第二章 咖啡生物学特征

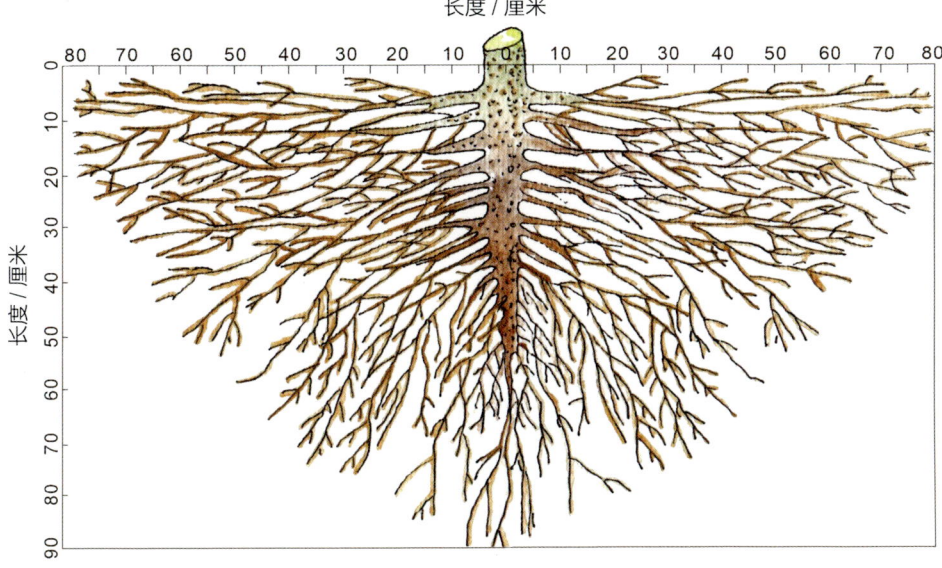

图2-1 咖啡根系

三、茎

咖啡的茎又称主干，直生，嫩茎略呈方形，绿色，木栓化后呈圆形，褐色。茎的节间长4~7厘米，但在过度荫蔽情况下可长达20~25厘米。每个节上有一对叶片，叶腋间有上芽和下芽，上芽发育成一级分枝，下芽发育成直生枝（图2-2）。截干更新后的新主干由直生枝发育而成。

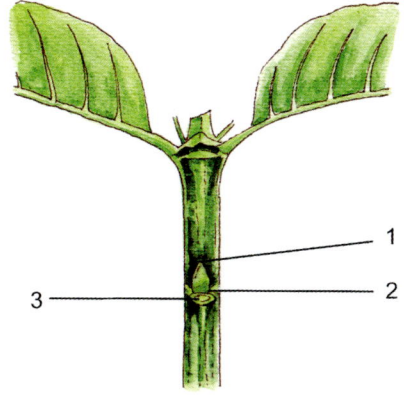

1—上芽；2—下芽；3—叶柄痕。

图2-2 咖啡茎

四、叶

咖啡叶对生，少数三叶轮生，叶片为椭圆形至长椭圆形，绿色，革质，有光泽，羽状脉。咖啡品种不同，其叶片大小、叶缘形状、叶尖、叶脉等也不同。小粒种叶片长×宽为（12~16）厘米×（5~7）厘米，中粒种为（20~24）厘米×（8~10）厘米，大粒种为（17~20）厘米×（6~8）厘米；小粒种

11

和中粒种叶缘波纹较明显，大粒种叶缘无波纹；过度荫蔽叶缘波纹不明显，强光照下，波纹明显；小粒种叶尖较尖，中粒种叶尖尖长，大粒种叶尖较钝；小粒种叶脉为 7~8 对，中粒种为 10~11 对，大粒种为 6~7 对。

五、花

咖啡花腋生，团伞花序，数朵至数十朵，每 2~5 朵着生在一个花轴上，花白色，2.5~3 厘米长，芳香，花瓣 5 片，花萼不发达，花瓣基部连接成管状，形成高脚碟状花冠，花管圆柱形。雄蕊数目与花瓣数目相同，花药 2 室，纵裂，成熟时的横切面，可见 4 个花粉囊，花粉粒球状，发育正常，外壁厚而平滑，共 3~4 个槽。雌蕊花柱顶生，柱状 2 裂，子房下位，通常 2 室，也有 1 室或 3 室的，每室的中央胎座上有 1 个倒生胚珠，珠柄短（图 2-3）。小粒种、大粒种为自花授粉，中粒种为异花授粉。

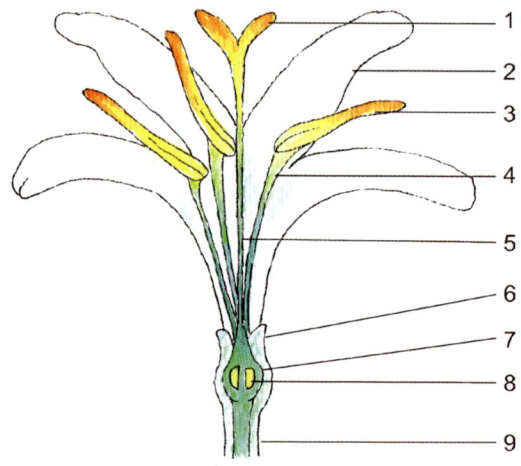

1—柱头；2—花瓣；3—花药；4—花丝；5—花柱；6—花萼；7—子房；8—胚珠；9—花柄。

图 2-3　咖啡花

六、果实

咖啡果实为浆果，长 1.4~1.6 厘米，宽 1.3~1.5 厘米，厚 1.2~1.4 厘米。果实的果顶（也称为果脐）形状因品种不同而异，大粒种果顶凸起，中粒种有的类型果顶凸起较明显,小粒种果顶较平。果实构造可分为外果皮、中果皮、内果皮和种子(图2-4)。

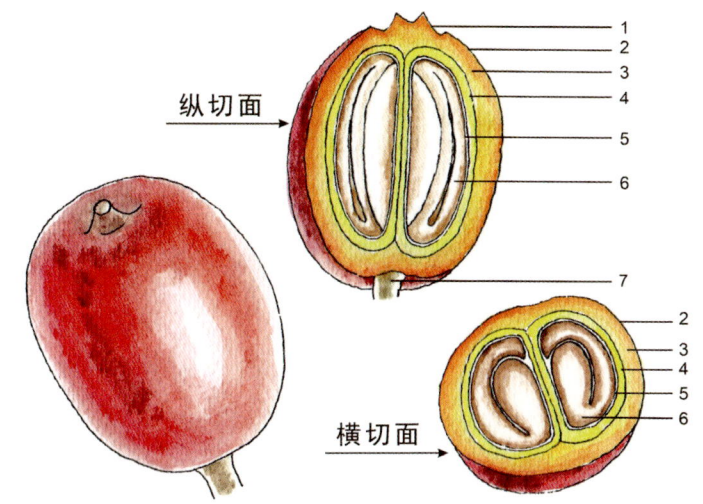

1—果脐;2—外果皮;3—中果皮;4—内果皮;5—种皮;6—胚;7—果柄。

图2-4 咖啡果实

(一)外果皮

外果皮为一层薄薄的革质,未熟时绿色,成熟时绛红色、深红色、紫红色或朱红色。大粒种外果皮最厚的约5毫米,小粒种、中粒种外果皮1～1.2毫米。

(二)中果皮

中果皮即果肉,是一层带有甜味和夹杂有纤维的浆质物。

(三)内果皮

内果皮也称种壳,由石细胞组成,坚韧。其中,大粒种的种壳较厚硬,小粒种、中粒种的种壳较薄,容易与种子分离。

(四)种子

每个果实一般有2粒种子,也有1粒或3粒种子的。种子的形状为椭圆形或卵形,呈凸平状,平面具纵浅沟。种子包括种皮和胚。种皮由单胚珠的珠被发育而成。其中,中粒种、大粒种的种皮紧贴种仁不易分离,小粒种的种皮容易脱出。胚中的胚乳由厚壁的多角细胞形成，外层为硬质胚乳，在种子发芽时，与子叶一起形成一个种帽突出于地面。其内层为软质胚乳，除水分外，其成分还含有蛋白质、咖啡碱、葫芦巴碱、油、糖类、糊精、戊糖胶、纤维素、咖啡鞣酸、矿物质、绿原酸等。

第二节　树干生长及开花结果习性

一、树干生长与树冠形成

咖啡树具有明显的顶端优势，树干顶部的枝条长势旺盛，但这种顶端优势随着主干逐年增高而减弱，一般到第四年，主干向上生长放缓，而主干中下部的下芽则萌发长成直生枝。

咖啡幼苗定植后，顶芽不断向上生长，当长出 9~12 对叶片时，便开始长出第一对一级分枝，定植当年，春植的可以长出 6~8 对一级分枝，秋植的可以长出 2~3 对一级分枝。定植第二年，主干生长量开始增大，能长出 7~12 对一级分枝，第三年主干生长量最大，平均长出 14~15 对一级分枝，最多可达 18 对。定植第四年，主干生长减慢，节间变短，如果不修剪主干，任其自然生长，则小粒种可长到 4~6 米高，中粒种可长到 6~8 米高。

在主干顶芽不断向上生长的同时，一级分枝也不断横向生长，节数增多，每一节点着生一对叶片，粗壮的一级分枝叶腋处萌芽长出二级分枝，粗壮的二级分枝叶腋处萌芽长出三级分枝，每级分枝以此类推。定植 3~4 年可形成圆筒形或圆锥形树冠。一级、二级分枝是咖啡的主要结果枝，生产管理中要培养尽可能多的粗壮一级分枝（同一位置的一级分枝只抽生一次），二级、三级分枝合理选留，形成丰产树形。

主干生长速度与雨水、气温关系密切。海南 5—10 月雨水较多，气温也较高，植株生长量大，在高温干旱或冬季低温季节，则生长缓慢，此时主干和分枝生长受到抑制，或者不长分枝。云南高海拔地区，植株主干生长粗壮，节间短，枝条粗硬，形成矮生而开张的树形；在低海拔地区，主干生长迅速，节间较长，枝条多纤柔下垂，形成高而窄的树形。

二、枝条生长习性

咖啡枝条种类包括一级分枝、二级分枝、三级分枝、次生枝和直生枝等（图2-5）。其中，一级分枝由主干上的上芽发育而成，在主干上对生。二级分枝由一级分枝的腋芽发育而成，一般与一级分枝呈45°~60°角长出。三级分枝是从二级分枝上有规则地长出的枝条。次生枝是从一级分枝、二级分枝上不规则地向树冠内部或下部长出的枝条。直生枝是从主干下芽萌发的垂直向上生长的枝条。

咖啡一级分枝、二级分枝的生长和结实规律因品种、环境和修剪方法的不同而异。

1—一级分枝；2—二级分枝；3—三级分枝；4—次生枝；5—直生枝。

图2-5 咖啡枝条种类

（一）小粒种咖啡分枝类型

根据一级分枝抽生的时间不同，可分为3种枝条类型（图2-6）。

1. 第一类型

为每年2—5月抽生的一级分枝，此类枝条5月以前生长的部分，大多数在第二年2月抽生二级分枝。

2. 第二类型

为每年6—9月抽生的一级分枝，此类枝条抽生后不久就开始花芽分化，因此第二年在枝条各节上均结满果实，较少抽生二级分枝。一级分枝延续生长部分在第三年结果。

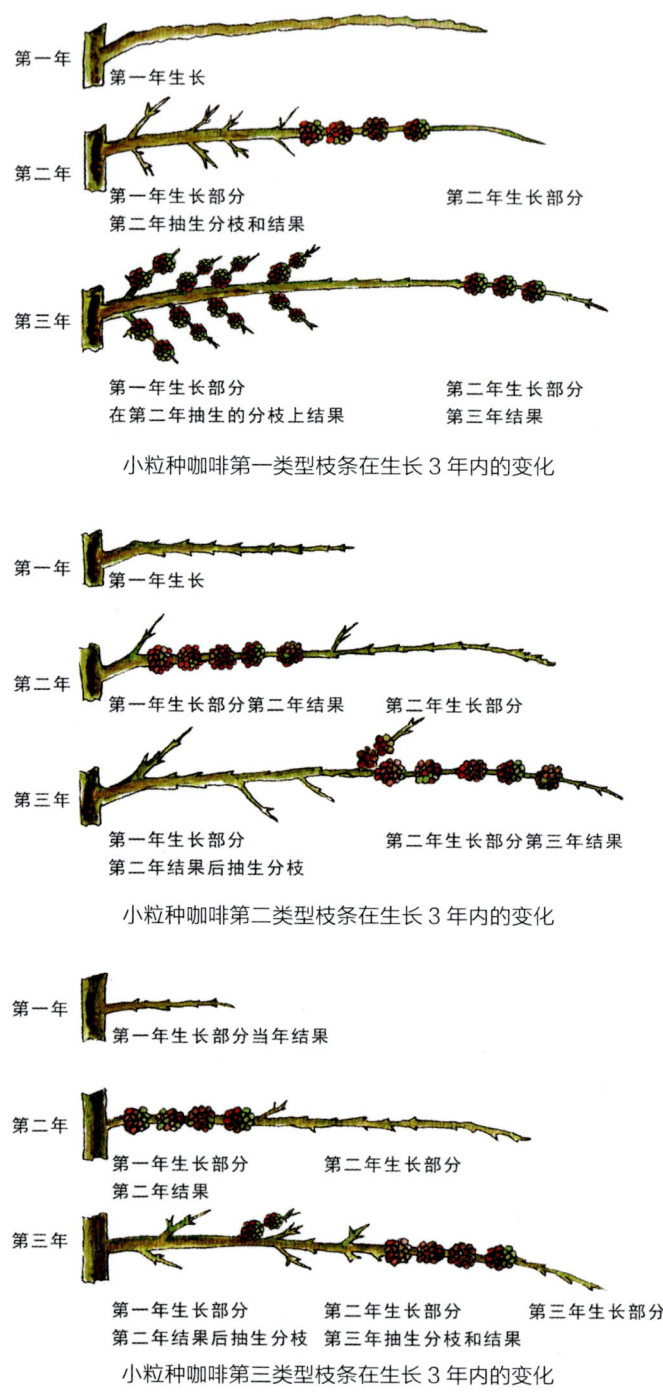

图 2-6　小粒种咖啡 3 种类型枝条在 3 年内的变化

3. 第三类型

为9月以后抽生的一级分枝,由于抽生后不久便遇上低温和干旱季节,生长缓慢或停止,当年生长部分结实不多,第二年生长量和结果量较大。

小粒种二级分枝的物候期每年有2～3次(2—3月、5—6月、8—9月)。2—3月抽生的枝条,当年生长量较大,第二年开花结果多。8—9月抽生的枝条,当年生长时间较短,第二年开花结果不多,但到第三年则大量开花结果。

(二)中粒种咖啡分枝类型

根据一级分枝抽生的时间不同,可分为2种枝条类型(图2-7)。

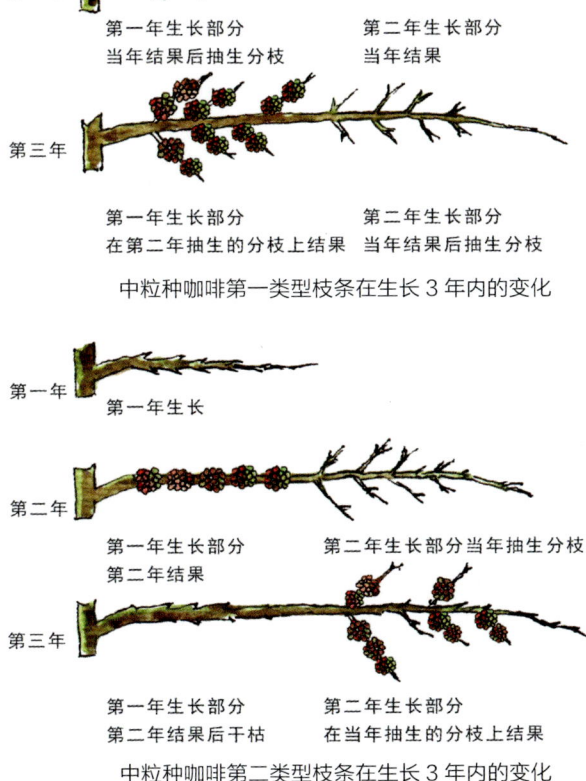

图2-7 中粒种咖啡2种类型枝条在3年内的变化

1. 第一类型

为 7 月以前抽生的一级分枝。此类枝条当年全枝开花结果，采用多干整形的植株，这种枝条生长规律更为明显，大量结果后，如第三年不长出二级分枝，则全枝干枯，如长出二级分枝，则一级分枝不会全枯，而发育成为骨干枝条。

2. 第二类型

为 7 月以后抽生的一级分枝，此类枝条抽生当年或第二年便开花结果，很少在当年长出二级分枝。一般在第二年延续生长部分长出二级分枝。

中粒种二级分枝长出的时间与气温、雨量、营养状况有关。在海南，中粒种周年都可以长出二级分枝，但主要集中在 3—5 月、9—10 月，雨季结束迟的种植区，11 月也有较多二级分枝长出。

三、开花及结果习性

（一）花芽发育

咖啡花着生于叶腋间，分枝及主干的叶腋均能形成花芽，但主要在分枝上。咖啡是一种短日照植物，在日照时间超过 13 小时或夜间使用人工光照情况下，植株只有营养生长。咖啡花芽一般在 7 月以后开始发育，如中粒种在 7 月下旬开始发育，在阳光充足枝条上的腋芽能正常发育成花芽，而在过度荫蔽下纤细枝条上腋芽多数不能发育成花芽。小粒种花芽在 10—11 月开始发育，只要生长粗壮的枝条，一般都能发育出花芽。由于花芽形成所需时间不同，单个叶腋中花芽发育也有先后，因此形成多次开花现象。

不同时期生长的腋芽，发育成花所需时间不一样。在海南植区，中粒种在 10—11 月形成的腋芽，从开始发育至开花需时最短，为 90～120 天；5—10 月形成的腋芽，需 120～150 天，但也有较快的，仅需 90 多天；5 月以前长出的腋芽发育最慢，约需 180 天。

（二）开花规律

咖啡花期因品种、地域不同而异。小粒种盛花期在云南为 4—6 月，在海南为 3—4 月；中粒种在海南从 11 月至第二年 4—5 月陆续开花，2—4 月为盛花期。咖啡开花期与雨水的关系最为密切，咖啡花芽形成后生长很慢，小粒种花芽2个月才长到4~6毫米，其后完全停止生长，在雨后或进行人工灌溉7~10天即可开放。如遇高温干旱，小粒种花芽发育不正常，形成"星状花"，不能正常开放；中粒种花芽发育迟缓，花蕾细小，极度干旱时，花蕾变成粉红色，不能开放。

咖啡花在清晨3：00—5：00初开、5：00—7：00盛开。气温13℃以上有利于开花。雄花在盛开前即开始散出少量花粉，到10：00左右，花粉全部裂开，散出大量花粉，中粒种的花粉比小粒种的花粉多。小粒种的柱头成熟早，中粒种柱头比雄蕊成熟慢，在花粉散出后才开始成熟，如遇不良天气，柱头未成熟即已枯萎，影响稔实率。授粉时间对稔实率有很大的影响，柱头授粉能力以开花当天及第二天最强。除开花当天的天气外，花后一个月内如遇干旱，幼果因缺水而干枯，成果率显著降低；花后一个月内若雨水充足，幼果能正常发育成熟，成果率高。

（三）果实发育

咖啡果实从开花至果实成熟所需时间因品种而异。小粒种需6~8个月，在当年9月至第二年1月成熟，盛熟期为11—12月；中粒种需10~12个月，在11月至第二年5月成熟，盛熟期为2—4月。

小粒种果实在花后1个月即迅速增长，1个月后生长速度变慢，成熟前再增大。中粒种果实在初期发育较慢，到第3~4个月，果实开始迅速膨大，进入快速生长期，以第4~6个月增长最快，此时果实含水量很高，种仁软而透明，到第7~9个月，果实增长变慢，纵径和横径生长量变小，此时，主要是果实进行内部积累，种子充实由透明变成乳白色，由软变硬，10~12个月果实开始成熟，成熟前果实稍有增大，果肉及果皮内含物转化，成熟期果皮呈红色。从果实干物质积累规律来看，从开花至果熟前，有3个增长高峰。国外研究表明，咖啡果实生长分为5个阶段，依次为"针头"期、迅速膨大期、生长缓慢期、胚乳充实期、成熟期。

第三节 环境要求

咖啡原产热带非洲，其中，小粒种原产于埃塞俄比亚的热带高原地区，海拔900～1800米，年平均温度19℃。中粒种原产于刚果的热带雨林区，海拔在900米以下，年平均温度21～26℃。它们的原产地都是荫蔽或半荫蔽的森林和河谷地带，因此，形成了咖啡需要静风、温凉、湿润、荫蔽的环境习性。

一、地形

咖啡种植园宜选在海拔300～1000米的低山、丘陵、平缓坡地、台地，海拔不宜超过1200米。冷空气排出不畅且易于沉积的低凹地、低台地、冷湖区、峡谷不宜种植咖啡。

二、土壤条件

咖啡根系发达，吸收根较浅，尤其在肥沃疏松、排水良好、pH值为5.5～6.8的土壤中生长最好，而排水不良的黏土，易导致咖啡烂根、叶片黄化，甚至死亡，当土壤pH值低于4.5时，根系发育不良。

三、气候条件

（一）降水量

世界咖啡产区年降水量为760～2500毫米，大多数产区为1000～1800毫米。降水量在每个季节分布均匀以及短期的干旱，有利于咖啡生长。短期干旱有利于咖啡根系生长、上个雨季形成的枝条成熟、花芽分化和果实成熟。然而，咖啡开花和幼果发育初期，均需要充足的水分，此时，旱季过长，不利于花芽发育，畸形花增多，稔实率降低，咖啡生长受到抑制。另外，雨水过多容易造成枝条徒长，开花结果减少。

（二）光照

咖啡属于半荫蔽植物，在全光照下，植株生长受到抑制，此时如果水、肥供应不足，则易出现早衰和死亡现象。荫蔽度过大，会导致植株的营养生长过旺，枝叶徒长，开花结果减少。咖啡对光的需求因品种、生育期、土壤肥力和水分状况的不同而有差别，大粒种最耐光，小粒种又比中粒种耐光。在土壤肥沃和有灌溉的条件下，荫蔽度可减少，或者不需荫蔽；相反，如在土壤贫瘠且高温干旱的地区种植咖啡，则应该适当增加荫蔽。咖啡在不同时期的适宜荫蔽度有所差别。沙床催芽期，以及移苗后长出3对真叶前荫蔽度控制在70%～80%，3～6对真叶时，荫蔽度可减至50%～60%，到第1对分枝长出或大田定植前，荫蔽度可减至20%～30%，定植恢复期，荫蔽度提高至50%～60%，其后荫蔽度逐渐减低，进入结果期，控制荫蔽度在25%～30%。

（三）温度

不同咖啡品种对温度要求不同。小粒种最耐寒，中粒种和大粒种则不耐寒。小粒种需要较温凉气候，要求年均温在19～21℃，中粒种需要较高的温度，要求年均温在23～25℃。通常，咖啡在10℃以上开始生长，15℃生长加速，20～25℃生长最快，30℃以上生长有明显的间歇现象。

受寒害后，咖啡叶片呈焦枯状，嫩叶整片干枯，老叶仅在主脉间内侧的叶肉呈焦枯的斑块，或在叶背呈现轻微的赤褐色，后期叶片枯黄凋落。枝条受寒害，以绿色嫩枝最为严重，表皮由绿色变赤褐色并干枯，以后渐次到木质部变黄，逐渐干枯。已开放的花全部冻坏干枯，大部分子房冻伤，不能发育成果实。在寒害较轻时花蕾不受害，而严重寒害会干枯脱落。果实受害后表皮呈现褐色斑点，斑点处下陷，最后全果皱缩干枯，轻度受害仅出现赤褐色斑点，温度回升后不再扩散。幼苗寒害严重时全株枯死，较轻的则顶芽及嫩叶干枯。超过适宜温度，咖啡花芽量减少，严重时许多花芽不能发育成正常的花，有些干枯，也有些形成畸形的"星状花"。

（四）风

咖啡需要静风环境，台风及干热风对咖啡生长均不利。当台风达10级以上时，叶片、果实会大量吹落；主干大幅度摆动，使植株根颈交界处树皮磨损，引起病菌侵入；主干倾斜，根系受损，台风后植株大量死亡。咖啡花期遇到干热风天气会明显降低稔实率。因此，在有风害的地区要选择避风的园地或营造防风林，减少咖啡风害损失。

第四节 咖啡生态适宜区划分

一、划分的依据和指标

咖啡生态适宜区划分,以气象灾害的影响特征及其他生态条件区域性范围的相似性为依据。具体考虑到咖啡是多年生的热带作物,经济寿命至少在30年以上,在此长时期内气候生态条件的变化,特别是越冬状况的好坏,对咖啡产量及存活影响重大,冬季低温是咖啡生长的限制因素。因此,在区划时仍以越冬条件即极端最低气温及其出现概率为主导指标。

气候和土壤是环境中的两个主要因子。气候条件的变化比土壤的变化要快得多,且热带、南亚热带土壤的物理化学性状一般能够满足咖啡生长要求。因此,以农业气候指标为分区的主要依据。咖啡引种到我国热带、南亚热带地区能够正常生长,且平均亩产咖啡豆38千克,说明气候条件基本满足其生长要求。但在其生长期内的气候条件越是接近原产地条件,咖啡生长越好,产量越高,更能发挥咖啡生产潜力。因此,选取年平均气温和年降水量分别代表咖啡生长的热量和水分条件。

在划分生态区时采用咖啡的低温寒害指标为主导指标,年平均气温、年降水量为辅助指标,并将土壤等其他生态条件作为参考指标。据此,将我国咖啡种植区划分为适宜区、次适宜区和不适宜区。

二、咖啡生态适宜性分区

(一)小粒种咖啡分区

小粒种咖啡生态适宜区划分指标见表2-1。

表2-1 小粒种咖啡生态适宜区划分指标

区域	指标		
	最低温≤-1℃出现概率/%	年均温/℃	年降水量/毫米
适宜区	<3.4	19~22	1 200~1 800
次适宜区	3.4~6.6	22~25	1 200~1 800
	3.4~6.6	17.1~19	800~1 200
不适宜区	>6.6	<17.1	<800

1. 小粒种咖啡适宜区

包括滇西南适宜区，桂南适宜区，粤东、闽南适宜区，海南中部山地适宜区。

（1）滇西南适宜区

本地区位于云南省西南部，包括瑞丽、潞西、澜沧、勐连、景谷、孟定、景洪、勐腊等地。

本地区地貌类型主要为山地、丘陵和一些面积不大的盆地，由于地形多样，气候的水平和垂直变化明显。土壤多为深厚肥沃的砖红壤或赤红壤。年均温19.1～22.0℃，最低月均温12.1～15.7℃，极端最低温-1.0～2.2℃，但较少遇见极端低温情况，较少出现咖啡寒害。大部分地区的年降水量在1 200～1 666.4毫米，年平均相对湿度80%左右。降水量年中分布不均，冬季和早春降雨较少，1—3月各月降水量都在20毫米以下，干旱严重，此时正值咖啡开花季节，影响咖啡开花结果。要使咖啡丰产，一定要及时灌溉。

总的来看，本地区小粒种生长良好，可获得高产。产品色香味俱佳，在市场上竞争力较强。

（2）桂南适宜区

本地区位于广西壮族自治区南部，包括北流、灵山、合浦、陆川、玉林、博白、钦州、防城等地。

本地区地貌类型有山地、丘陵、台地和平原，适宜种植咖啡的为低丘陵、台地。土壤以酸性赤红壤为主，肥力较低，有机质含量1.5%～2%。年均温21.7～22.0℃，最低月均温12.9～14.8℃，极端最低温-2.1℃。年降水量1 114～2 884毫米，降水量分布不均，多集中于夏秋两季，冬春降雨较少。雨季的降水量占全年总降水量的80%～85%。在咖啡开花期（12月至第二年2月）降雨少，影响开花授粉，而且在此时期还会有较长的连续低温阴雨天气，也对咖啡开花不利，甚至引起咖啡寒害。

（3）粤东、闽南适宜区

本地区位于广东省东部、福建省南部。包括广东省的汕头、普宁、揭阳、惠来、陆丰、饶平，以及福建省的诏安、云霄、东山等地。

本地区受莲花山和戴云山的影响，地势西北高、东南低，多丘陵、台地。土壤多为赤红壤，土层较深厚，自然植被受破坏的地方有机质含量1%左右，内陆丘陵，自然植被未破坏地区，有机质含量2%～3%。年均温21～21.8℃，最低月均温12.9～13.2℃，极端最低温-0.6～2.1℃，气温可以满足小粒种生长需要，寒害率较低。年降水量1 065～2 000毫米，集中于夏秋季，冬春降雨较少，冬季降水量仅占全年总降水量的10%以下，影响咖啡开花授粉。濒临南海，年中或有台风。风力10级以上时，咖啡遭受风害。

总的来看，本地区适宜种植小粒种，但需做好防寒、灌溉和防风工作。

（4）海南中部山地适宜区

本地区包括海南省白沙、琼中。

本地区年均温22.4～22.7℃，略高于适宜区标准，但在海拔350米以上较高的山区年均温则符合适宜区标准，因此仍划为适宜区。最低月均温16.4℃，极端最低温-1.4～0.1℃，冬季有轻霜现象。年降水量1 900～2 500毫米，雨量丰沛，适宜咖啡生长，但雨量多集中于夏秋季，占全年的78%左右。冬春降雨少，时有干旱现象，影响咖啡开花结果。

2. 小粒种咖啡次适宜区

包括海南次适宜区、粤西次适宜区。

（1）海南次适宜区

海南省中部山地除白沙、琼中海拔较高地方为适宜区外，其余各市县均为次适宜区。

本地区年均温23.4～24.8℃，年均温较高，极端最高温38～40℃，并且阳光强烈，旱季较长，小粒种在高温季节生长不良，叶片变形，晒后叶片褪色，果实枯萎，树体易早衰，易受病虫为害。

（2）粤西次适宜区

本地区位于广东省西南部，包括徐闻、海康、湛江、遂溪、吴川、电白、廉江、化州、高州、阳江、信宜等地。

本地区地势北高南低，湛江市以北多为丘陵地，湛江市以南为雷州半岛台地。北部土壤多为赤红壤，由于植被多遭破坏，肥力较低。南部土壤主要为玄武岩和浅海沉积物风化的砖红壤，前者肥力较高，在森林植被下有机质含量2.5%～3.6%。年均温22.3～23.3℃，最低月均温14.4～16.4℃，极端最低温-1.4～3℃，小粒种越冬条件较好。最高月均温27.7～28.9℃，月均温>27℃的月有3～4个月，极端最高温37.2～38.9℃，在此高温季节内，气温>30℃的情况经常出现，阶段性干旱和较低的空气湿度，小粒种易出现热害，生长受到抑制。年降水量1 364～1 759毫米，年中降雨分布不均，多集中于夏秋雨季，降水量占全年的62%～76%，冬季降水量少，占全年的3%～6%，不利于咖啡开花。

高温和台风危害，以及花期干旱、连续长期低温阴雨均会造成咖啡减产，使得本地区咖啡难以获得稳产高产。

3. 小粒种咖啡不适宜区

位于我国小粒种咖啡次适宜区以北的地区为不适宜区。

（二）中粒种咖啡分区

中粒种咖啡生态适宜区划分指标见表2-2。

表2-2 中粒种咖啡生态适宜区划分指标

区域	最低温≤0℃出现概率/%	年均温/℃	年降水量/毫米
适宜区	<3.4	23～25	>1 800
次适宜区	3.4～6.6	21.1～23	1 300～1 800
不适宜区	>6.6	<21.1	<800

1. 中粒种咖啡适宜区

海南省除白沙和琼中山区以外的其余市县。

本地区中南部为高耸的五指山，以此为中心向四周逐渐下降，依次为丘陵、低丘台地和沿海平原。土壤多为砖红壤，肥力中等，广大的低丘陵和台地均适宜种植中粒种。年均温23～24.6℃，最低月均温16.6～20.9℃，极端最低温0.4～6.2℃。年降水量多数地区>1 800毫米，沿海地区降雨略少。年内各季降水量分布不均，冬春（12月至第二年5月）降雨较少，冬季降水量占全年的3%～7%，春季占14%～29%。夏秋季降水量较多，占全年的70%～80%。从温度、降水条件来看，可以满足中粒种生长需求。同时越冬条件良好，中粒种遭受寒害的危险较小。

中粒种在本地区种植已有近百年历史，如兴隆华侨旅游经济区的兴隆咖啡、澄迈县福山区的福山咖啡。所产中粒种品质佳，香而不烈，浓而不苦，是全球中粒种的最佳产地之一。本地区气候生态上的不利条件是台风和冬春干旱。强劲的台风能吹断咖啡主干,折断果枝,吹落果实,使种植业遭受损失。冬末早春的干旱,影响咖啡开花授粉,降低产量,特别是位于海南省西南部的乐东、东方、昌江以及三亚的近海地区旱情较重。开花期低温也会降低咖啡产量。东南部的万宁、琼海等地温度、降水条件较好,咖啡生长好、产量高,但受台风影响较大。应选择背风的小环境,建立咖啡园,单种咖啡园应营造防风林。西北部澄迈、儋州、临高等市县受台风影响较小,但早春干旱时有发生,影响咖啡产量,应及时灌溉。

2. 中粒种咖啡次适宜区

本地区范围较广,地形地势差异较大。包括粤西次适宜区,粤东、闽南次适宜区,桂东南次适宜区,滇西南次适宜区,海南中部次适宜区。

（1）粤西次适宜区

本地区位于粤西南部,包括海康、遂溪、湛江、吴川、廉江、电白、化州、高州、信宜等地。

本地区地势北高南低,湛江市以北多为丘陵地,以南为雷州半岛台地。北部土壤多为丘陵地的赤红壤。由于植被多遭破坏,肥力较低,有机质含量 1.1%～2.8%。南部土壤主要为玄武岩和浅海沉积物风化的砖红壤,前者肥力较高,在森林植被下有机质含量 2.5%～3.6%。年均温 22.3～23℃,最低月均温 14.4～15.7℃,极端最低温 –1.4～3℃。年降水量 1 560～1 787 毫米,降雨多集中于夏秋两季,雨量占全年的 62%～76%,冬季降水量少,占全年的 3%～6%。温度、降水条件基本能满足咖啡生长需求,但越冬条件不好,部分地区有出现咖啡致死低温的可能性,特别是≤0℃最低温出现概率大,使咖啡花、叶片,特别是嫩叶、幼花冻伤枯萎,造成咖啡严重减产。花期连续低温阴雨、冬春干旱对咖啡开花不利,也会使咖啡减产。

（2）粤东、闽南次适宜区

本地区位于广东省东部和福建省南部,包括广东省的汕头、惠来、揭阳、陆丰、饶平等地,以及福建省的诏安和云霄。

本地区地势西北高东南低,背山面海。内陆多为低山丘陵,向沿海逐渐成为台地、平原。土壤多为赤红壤。内陆丘陵,植被较好的地方有机质含量较高。植被破坏后,土壤表层被冲刷,有机质含量迅速降低,沿海台地一般为 1% 左右。年均温 21.3～21.8℃,最低月均温 13.1～14.1℃,极端最低

温 –2.7 ~ –2.1℃。年降水量 1 400 ~ 1 997 毫米，降水多集中于夏秋两季，占全年的 70% 左右。冬季降水少，仅为全年的 6% 左右。冬季低温是影响中粒种生长的限制因子。

（3）桂东南次适宜区

本地区主要位于广西壮族自治区南部，包括玉林、北流、博白、陆川、灵山、钦州、防城等地和位于右江谷地的百色。

本地区年均温 21.7 ~ 22.4℃，最低月均温 12.9 ~ 14.8℃，极端最低温为 –2.7℃，年降水量 1 114 ~ 2 884 毫米，降雨多集中于夏秋两季，冬季降雨较少。中粒种越冬条件不好，寒害时有发生，抑制咖啡生长。特别是最低温 ≤ 0℃ 出现的概率有的地方高达 67%，一般为 40% ~ 50%，咖啡花、叶片会遭受寒害。

（4）滇西南次适宜区

本地区位于云南省西南部，包括云南西双版纳州的景洪、勐腊和红河州的河口。

本地区为低山丘陵地，土壤为砖红壤或赤红壤，土层深厚、肥力较高。年均温 21.1 ~ 22.6℃，最低月均温 15.2 ~ 15.7℃，极端最低温 0.5 ~ 2.7℃。年降水量 1 196 ~ 1 777 毫米，年内分布不均，冬春干旱，影响咖啡开花结果。

（5）海南中部次适宜区

本地区包括白沙、琼中，位于海南省中部山地。

本地区海拔较高，年均温 22.4 ~ 22.7℃，最低月均温 16.4℃，极端最低温 –1.4 ~ 0.1℃，冬季有轻霜现象，对中粒种越冬不利。年降水量 1 900 ~ 2 500 毫米，雨量多集中于夏秋两季，占全年的 78% 左右。冬春干旱，冬季降水量仅占全年的 3% ~ 5%，影响咖啡结果。

3. 中粒种咖啡不适宜区

位于我国中粒种次适宜区以北的地区为不适宜区。

第三章 咖啡低产园改造技术

第一节 咖啡芽接换种技术

一、咖啡芽接换种需求

海南、云南为我国咖啡主产区，其中，海南主栽品种中粒种咖啡属于异花授粉植物，其后代的遗传性状变异与分离严重，产量差异较大，干豆产量在 1.5~2.5 千克的高产实生树比例仅占总量的 3‰，低产树比例大，而中粒种高产无性系比实生树产量高，利用咖啡优良的高产无性系对实生树进行芽接换种，同样可以达到提高产量的效果。一个熟练工人一天可芽接咖啡 300 株左右，芽接成活率在 86% 以上，且芽接后两年左右就可以开花结果，芽接后咖啡园产量是芽接前产量的 2~3 倍。

云南主栽品种小粒种咖啡的遗传性状稳定，生产上主要种植由优良母树种子繁育的实生苗，然而，受干旱、锈病等影响，部分植区咖啡产量下降，品质降低。云南植区有明显的旱季，且旱季长达半年左右，调查发现，咖啡开花后 9~18 周干旱，果实发育期长，咖啡豆颗粒小，豆粒饱满度低，影响产量及品质。S_{288} 等小粒种品种树形高大、果节间距长，抗旱性差，且天牛为害率高，不适宜山地种植。部分滇西咖啡植区，将适应性强的卡蒂姆 7963 芽接在 S_{288} 主干上，芽接后改善植株生长状况，咖啡产量提高，达到换种改良的目的；锈病新小种使部分卡蒂姆系列出现锈病症状，在衰弱减产植株上芽接鲁伊鲁–11，能起到提高植株抗病性、恢复产量的作用，但芽接生产成本相对较高，仅在小范围推广应用。

中粒种主要靠一级分枝结果，而一级分枝当年采收后的果节，第二年不再开花结果，因此，随结果年限增加，结果株下部分枝逐渐干枯脱落，结果部位不断提高，产量逐年下降，采收难度加大，管理上一般连续收获 4~5 年后需截干更新，高产树利用新抽生主干继续获得高产，而低产树正好结合截干更新等管理措施，通过芽接换种实现高产。小粒种除一级分枝结果外，二级、三级分枝也是主要结果枝，大量结果而水肥不足、雨季旱季明显、病虫害防治效果差等均能造成枯枝，最终导致一级分枝减少，产量下降，此时，正好结合枯枝树截干更新进行芽接换种，发挥良种优势。

二、技术要点

（一）芽接前准备

1. 截干

果实采收后截干，中粒种为3—5月，小粒种为10—11月。从离地20～30厘米处一次截去主干，截面倾斜45°，截口平滑，避免撕皮伤树（图3-1、图3-2），截面涂蜡、油漆或用薄膜绑住，防止水分蒸发过快引起砧桩枯死。

2. 截干后管理

芽接前，在中粒种行间或株间挖深30厘米、宽40厘米的施肥沟，施入腐熟有机肥10～20千克。每月施1次稀释5倍的沤制水肥，水肥中可以加

图 3-1　单干树截干

图3-2 多干树截干

入占其质量1%的尿素或复合肥（15-15-15），每株每次施用水肥2～3千克，沿树冠外围挖半圆形浅沟淋施，施后盖土。小粒种在雨季土壤湿润时施肥，在行间或株间挖深30厘米、宽20厘米的施肥沟，施入腐熟有机肥2.5～5千克（或商品有机肥300～360克），7—8月、9—10月每株各施尿素13～20克、氯化钾20～30克，在行间或株间挖浅沟撒施，施后盖土。

遇干旱天气及时灌溉，促进砍桩萌芽。砍桩抽芽后，在不同方位选留3～4个壮芽，用于培养粗壮直生枝，为芽接做准备（图3-3、图3-4）。其余的芽及时抹去。

图3-3 单干树截干后留芽培养新主干　　图3-4 多干树截干后留芽培养新主干

3. 芽条选择

选择中国热带农业科学院香料饮料研究所选育的"热研1号""热研2号""热研3号"等高产无性系培养芽条,这些无性系具有投产早、产量高、适应性强等优点。根据小粒种在生产中出现的问题,可以选择卡蒂姆7963、鲁伊鲁-11等优势品种,稳定产量及品质。

4. 芽条准备

对低产树截干的同时,在高产植株上培养高产芽条。拉弯主干或将植株从140厘米左右截去主干,促进植株抽生更多直生枝,培养芽接时所需芽条。绿色未木栓化、粗壮、节间短、芽点饱满的茎段是较为理想的芽条。剪取健壮直生枝(图3-5),取顶芽下第2~5节,剪去一级分枝和叶片,保留叶柄(图3-6)。最好当日接多少剪多少,保证芽条新鲜无褐化。若芽接地点距离取芽条的地点较远,剪取的芽条用椰糠、报纸等保湿。

图3-5 截取直生枝

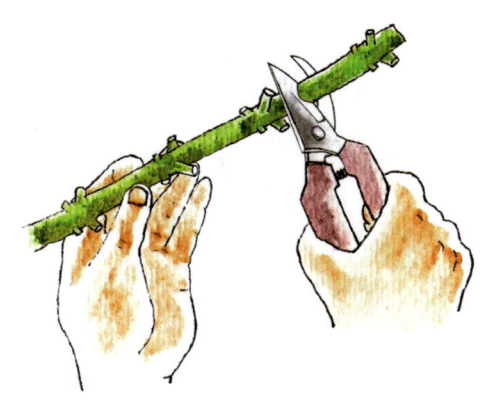

图3-6 修剪直生枝

(二)芽接

1. 芽接时间

截干后,新抽生的直生枝生长7个月后可以进行芽接。海南最适宜芽接的时间为3月、4月、9月、10月、11月,在这几个月芽接,成活率可达86%以上。云南最适宜芽接的时间为3月、5月、9月,芽接部位做好保湿,成活率可达75%以上。芽接时避开高温、低温、干旱、阴雨天气,以免影响芽接后愈伤组织形成。

2. 芽接方法

采用腹接法芽接。将从高产植株上剪取的芽条剪成3～4厘米长的茎段，剪口上端离芽点1厘米，剪口下端离芽点2～3厘米，用利刀削平剪口，纵向剖开茎段，分成两个芽片，削平剖面，芽片下端削成45°斜面（图3-7）。在砧桩新抽生直生枝的较平直处（图3-8、图3-9），开

图3-7　削芽片

一个平滑的长方形芽接口，深达木质部，长、宽比芽片稍大，将芽片插入芽接口，对齐砧木与芽片形成层，用绑带由下而上覆瓦状绑紧（图3-10），在绑带下端砧木上绑宽3厘米左右的粘虫带。

图3-8　单干树芽接位置

图3-9　多干树芽接位置

图3-10　腹接法芽接

（三）芽接后管理

1. 解绑

月均温 26℃以上，芽接后 1 个月可解绑；月均温 24℃以下，芽接后 45 天才能解绑。解绑时轻割芽片两侧的绑带，露出芽点，待芽点萌发后，把绑带全部解开（图 3-11）。

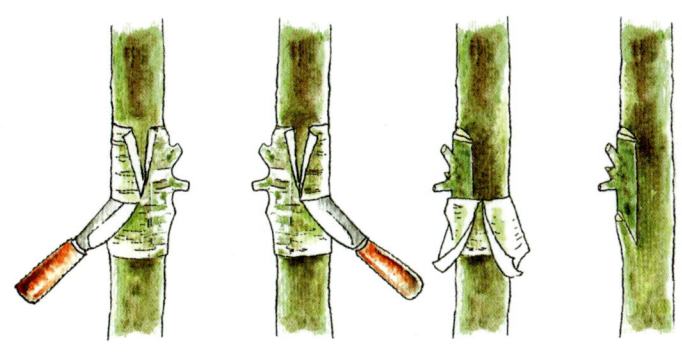

图 3-11　解绑

2. 除萌

全部解绑后，在芽接口以上 2~3 厘米处剪除砧木（图 3-12）。成龄树截干后树体营养充足，砧桩上易萌发新芽，要及时用利刀抹除，保证芽片生长。芽接成活后，树体营养集中供给芽片，每个芽片上可能萌发多个芽，选留一个粗壮芽，其余的小心抹除，选留的直生枝上再萌生的直生枝也及时抹除。每株 3~4 条直生枝，待长到 40~50 厘米高时，仅选留 2~3 条分布较均匀、粗壮的直生枝（图 3-13）。

图 3-12　芽接成活后截干

图 3-13 以芽片上抽生的芽作为新主干

3. 施肥

（1）中粒种咖啡

结果前，延续截干后中粒种施肥措施进行施肥。结果后，每年 3—5 月每株混施牛粪、鸡粪等腐熟有机肥 5~10 千克、尿素 150~200 克和钙镁磷肥 100~150 克，在行间或株间挖穴施入，施后盖土。6—8 月、9—11 月每株施尿素和氯化钾各 80~120 克，在行间或株间挖浅沟撒施，施后盖土。12 月至第二年 2 月叶面喷施 0.5% 尿素水溶液、0.2%~0.3% 磷酸二氢钾水溶液各 1 次，每次每株喷施 200~300 克。根外追肥应在采果前 30 天停止施用，叶面追肥应在采果前 20 天停止施用。有条件的可采用水肥一体化施肥。

（2）小粒种咖啡

结果前，延续截干后小粒种施肥措施进行施肥。结果后，每年 4—5 月每株混施牛粪、鸡粪等腐熟有机肥 2.5~5 千克、尿素 50~70 克和钙镁磷肥 100~150 克，在行间或株间挖穴施入，施后盖土。7—8 月、9—10 月每株各施尿素 25~40 克、氯化钾 40~60 克，在行间或株间挖浅沟撒施，施后盖土。在农家肥不足或不便运输时，农家肥可以改用商品有机肥，每株用量 300~360 克。

第二节 咖啡种间嫁接技术

一、咖啡种间嫁接需求

海南省气候湿热,适宜种植中粒种咖啡和大粒种咖啡。其中,中粒种为灌木或小乔木,极少感染锈病,且不受天牛为害,产量较高,味香浓,是海南省的主栽品种。然而由于其根系浅,吸收根多分布在30厘米以上土层,主根下扎不深,不耐旱,不耐涝,也不抗风,高温干旱季节浅表根系易烫伤,雨季易烂根,台风季节易倒伏,严重影响植株生长,甚至造成死亡。另外,中粒种作为多年生经济作物,随连作年限增加,园区土壤pH、根际微生物多样性呈下降趋势,连作栽培后普遍出现烂根、黄叶、产量下降、更新补种成活率低等现象,严重时甚至大面积绝产、死亡,生长障碍已成为制约咖啡产业健康可持续发展的突出问题。

嫁接换根是改善植株根系生长状况、恢复长势的有效措施。大粒种作为大乔木,其主根深生,较耐旱抗风,侧根生长也较深,吸收根广泛分布在表土层。利用放射性 ^{32}P 同位素示踪技术,对比中粒种和大粒种的活性根分布,发现两者在树冠面积内的活性根分布形状相似,但大粒种表土层活性吸收根比中粒种分布广泛,更有利于水分和养分吸收。前期以大粒种靠接中粒种,形成的种间嫁接咖啡在新植土和连作土上均能正常生长,较常规育苗的咖啡生长优势明显,种间嫁接通过壮根壮苗,克服咖啡生长障碍。

二、技术要点

(一)中粒种咖啡苗期种间嫁接技术

1. 种间嫁接苗培育

(1)苗圃建设

将苗圃建在地势平坦、土壤肥沃、排灌方便、交通便利、静风及阳光充足的平地或缓坡地。清理苗圃杂草,整平,苗圃周围挖沟排水,用福尔马林溶液喷洒土壤及周围消毒,晾晒3~4天。苗圃分为催芽沙床和袋装苗育苗圃。

沙床起畦，畦宽150厘米、高15～20厘米，长度视地形而定，畦间距40厘米，或采用砖混结构筑造沙床，宽120厘米、高40厘米。用干净的中细河沙作催芽基质及为袋装育苗苗圃垫底，实施前先用40%多菌灵可湿性粉剂800倍液，每升搅拌200千克河沙，对河沙消毒。在苗圃搭设2米高的阴棚，设置灌溉系统。

（2）采种

在果实盛熟期，从中粒种、大粒种优良母树上采摘充分成熟、果形正常且饱满的果实（图3-14），脱去外果皮，用草木灰或1%～2% NaOH溶液搓洗粘在种壳外的果胶，或将脱皮后的种子用清水浸泡1～2天，用清水洗净至手搓有粗糙感，拣去浮在水中的空瘪及损伤种子。贮存待播的种子不能曝晒，晾干后贮存，但贮存期不能超过3个月。

（3）催芽

催芽时期最好在2—3月，大粒种比中粒种早播种1个月，尽量避免低温催芽，以免影响种子发芽或造成烂种。贮存过的种子还需用干净的常温水浸泡24小时，浸泡过程中换水1～2次。每平方米播种量约为300克，种子均匀平铺于沙床上，种子间不相互重叠，表面覆盖一层薄沙，厚度以淋水后种子不外露为宜，淋足水，再盖上椰子叶、稻草等覆盖物（图3-15）。淋水后若有种子露出，及时用少量沙子覆盖。

图3-14 采种

第三章 咖啡低产园改造技术

图 3-15 播种

（4）育苗

① 育苗袋准备。育苗袋规格宽×高为 20 厘米×30 厘米，在袋上打 10 个左右排水孔，孔径 0.5 厘米。将椰子、大王棕叶子等粉碎至拇指盖大小，植物碎屑中添加 5% 生石灰、10% 贝壳粉，充分混匀，遮盖防雨布，期间翻肥 2~3 次，腐熟至黑褐色，作为咖啡育苗有机肥，将有机肥和土壤按体积比 3:7 混匀，装袋至育苗袋 1/2 处。

② 靠接。靠接时期最好在 4—5 月。取 1 株 2 月龄中粒种和 1 株 3 月龄大粒种，并分别在茎干中部纵向开长约 2 厘米、深达木质部的切口，将 2 个切口形成层对齐后，绑紧绑带，完成中粒种-大粒种靠接（图 3-16）。也可以在中粒种-大粒种靠接苗的中粒种茎干上再靠接 1 株大粒种。在靠接苗靠接口的下方，且相反方向的中粒种茎干上纵向开长约 2 厘米、深达木质部的切口，并在 1 株大粒种茎干的相应位置开切口，将 2 个切口形成层对齐后，绑紧绑带以覆盖 2 个靠接口，完成大粒种-中粒种-大粒种靠接（图 3-17）。

③ 移栽及修剪。靠接后移苗至育苗袋（图 3-18）。移栽前剪去幼苗最下部细弱根，一手持苗在育苗袋的中心位置，根颈与袋口相平；另一手回土至根颈，将苗稍向上提，保持主根不弯曲，淋足定根水。袋装苗成行摆放整齐，行宽 1.5 米。行间留人行道，以便除草、查苗等管理。袋装苗外底部用土、沙等堆至袋

图3-16 中粒种-大粒种双株靠接　　图3-17 大粒种-中粒种-大粒种三株靠接

图3-18 装袋

高1/2处,防止倒苗。30天左右剪除中粒种-大粒种靠接苗的大粒种接穗,3天后解绑,最终获得中粒种-大粒种双根种间嫁接苗(图3-19),或剪除幼苗大粒种接穗3天后,再剪除中粒种根系,最终获得大粒种单砧种间嫁接苗(图3-20),或剪除大粒种-中粒种-大粒种靠接苗的2个大粒种接穗,3天后剪除中粒种根系,再过3天后解绑,最终获得大粒种-大粒种双根种间嫁接苗(图3-21)。

④换种。在苗龄8个月以上的种间嫁接苗上芽接中粒种高产无性系芽片(图3-22)。适宜芽接时期为3—4月或9—11月,在幼苗靠接口以上较平直处开一个长方形芽接口,开口平滑,深达木质部,长、宽比芽片稍大。从中粒种高产无性系母树上剪取绿色未木栓化且粗壮、节间短、芽点饱满的直生枝作为芽条,芽条随用随剪。取顶芽下部第2~5节,剪去一级分枝和叶片,保留叶柄。将芽条剪成3~4厘米长的茎段,剪口上端离芽点1厘米,剪口下

第三章　咖啡低产园改造技术

图 3-19　修剪成中粒种 – 大粒种双根种间嫁接苗

图 3-20　修剪成大粒种单砧种间嫁接苗

图 3-21　修剪成大粒种 – 大粒种双根种间嫁接苗

图 3-22　种间嫁接苗芽接换种

端离芽点 2～3 厘米，用利刀削平剪口，纵向剖开茎段，分成两个芽片，削平剖面，芽片下端削成 45°斜面。采用腹接法，将削好的芽片插入幼苗芽接口，对齐幼苗与芽片形成层，轻扶芽片使其不移动，用绑带由下而上覆瓦状绑紧切口。芽接后 20～30 天，芽片呈绿色的植株即可打顶，第一次打顶时幼苗上保留 1～2 对叶片，芽接 35～40 天后解绑，解绑后 7～10 天或芽片萌芽 5 厘米以上，距芽接口上端 2～3 厘米处剪除茎干。

（5）苗圃管理

播种后每天淋水 1～2 次，保持沙床湿润。20～40 天出苗，及时揭开覆盖物。移苗后每周淋水 2～3 次，保持土壤湿润。每月淋水肥 1 次，水肥由人畜粪尿、豆饼肥等沤制。尽量不施化肥，以免浓度过大烧伤幼苗根系。每次淋水肥后立即少量淋水，把粘在叶片上或嫩芽上的水肥冲掉。低温寒害时增加覆盖物，迎风面架设防风障，必要时也可以采用熏烟防寒。人工清理杂草。定期检查，防治病虫害（表3-1）。沙床催芽时荫蔽度控制在70%~80%，移苗后荫蔽度减至50%~60%，大田定植前炼苗，荫蔽度逐渐减至20%~30%，早、晚打开遮阳网，阴雨天也可以全天打开遮阳网，并且停止施肥和浇水。炼苗时间不少于1个月，炼苗程度以叶面明显且均匀转黄，而不发生叶片灼伤为宜。

表3-1 咖啡苗期主要病害、虫害防治方法

防治对象	防治方法
立枯病	发病初期，及时拔除病株，用45%代森铵水剂300~400倍液，12%萎锈灵可湿性粉剂500~600倍液喷施病株区域，对病株周围健康植株的树冠及根茎喷施0.5%~1%波尔多液控制病害蔓延，每隔2周喷施1次，连续喷施2~3次
茎腐病	发病初期，及时拔除病株，用43%戊唑醇悬浮剂4 000~5 000倍液，或10%苯醚甲环唑水分散粒剂2 000~2 500倍液，或70%甲基硫菌灵可湿性粉剂800~1 000倍液喷施病株区域及周围，每隔7~10天喷施1次，连续喷施2~3次
炭疽病	发病初期，及时拔除病株，用0.4%氧化亚铜，或0.5%氧氯化铜药液喷施病株区域及周围，病害流行期，及时拔除病株，用0.5%~1%波尔多液，或10%多抗霉素可湿性粉剂1 000倍液，或80%代森锰锌可湿性粉剂800倍液，或50%多菌灵可湿性粉剂500倍液喷施病株区域及周围。每隔7~10天喷施1次，连续喷施2~3次
细菌性叶斑病	发病初期，及时拔除病株，用1%波尔多液，或77%氢氧化铜可湿性粉剂500~800倍液喷施病株区域及周围，每隔2周喷施1次，连续喷施2~3次。特别是台风雨后更应及时喷药
蚂蚁	虫害发生初期，用50%辛硫磷乳油1 500倍液喷洒苗圃，每隔7~10天喷施1次，连续喷施2~3次。或用50%辛硫磷乳油1 500倍液与害虫喜欢的食物制成毒饵诱杀
大头蟋蟀	虫害发生初期，用50%辛硫磷乳油1 500倍液喷洒苗圃，每隔7~10天喷施1次，连续喷施2~3次。或用50%辛硫磷乳油1 500倍液与害虫喜欢的食物制成毒饵诱杀
地老虎	虫害发生初期，用50%辛硫磷乳油1 500倍液喷洒苗圃，每隔7~10天喷施1次，连续喷施2~3次。或用50%辛硫磷乳油1 500倍液与害虫喜欢的食物制成毒饵诱杀

（6）出圃

要求苗木生长健壮，顶芽稳定，叶色绿，无病虫为害，无明显机械性损伤。砧穗亲和，接口发育均匀，皮平滑，无茎部肿大、粗皮、解绑过迟致薄膜带绞缢等不良情况。出圃时育苗袋完好，营养土完整不松散。

2. 配套定植措施

（1）园地规划

① 排水系统。排水系统（图3-23）由环园大沟（图3-24）、园内纵沟（图3-25）和垄沟或梯田内侧小沟（图3-26）组成。环园大沟宽80厘米、深

图3-23 排水系统

图3-24 环园大沟

图 3-25　园内纵沟

图 3-26　行间小沟

60～80厘米，离防护林2米，主要用于排除园内积水，阻隔防护林树根。纵沟垂直于垄面和梯田，每隔30～40米开1条纵沟，沟宽40厘米、深30～40厘米。垄沟或梯田内侧小沟与纵沟相连。

②灌溉系统。根据咖啡园面积确定水肥池数量，一般每3～5亩应至少建造1个水肥池，平地建在咖啡园旁边，坡地建在坡顶，容积10～18米^3，中间隔成蓄水和沤肥2个池，有条件的可以配备水肥一体化设施灌水施肥（图3-27）。园内以滴灌（图3-28）或喷灌（图3-29、图3-30）为宜。

③防风林。为防御台风、寒流等，在咖啡园四周设置防风林，林带宽4～6米。可以种植木麻黄、母生（斯里兰卡天料木）、竹柏等抗风能力强的树种，株行距为1米×1.5米，防风林到咖啡的直线距离为4～5米。

第三章 咖啡低产园改造技术

图 3-27 水肥一体化

图 3-28 滴灌

图 3-29 低杆喷灌

图 3-30 高杆喷灌

（2）园地开垦

① 整地。清理园地杂草、灌木、石头等杂物。平地或坡度 5°以下平缓地充分犁翻土壤后平整土地，犁翻深度为 30～40 厘米；坡度 5°以上坡地修筑等高梯田或环山行，田面宽 1.5～2 米，田面内倾 3°～5°。

② 植穴准备。定植前开挖植穴（图 3-31）。平地或坡度 5°以下平缓地，株行距 2 米 ×2.5 米；坡度 5°以上坡地，株距 2 米，行距视梯田面宽而定。一般株行距不超过 2.5 米 ×3 米。植穴面宽 × 深度 × 底宽为 60 厘米 ×50 厘米 ×40 厘米。将穴中挖出的表土、底土分开放置。定植前半个月回土，先将表土回至穴的 1/3 处，再将 5～10 千克腐熟有机肥、250～500 克钙镁磷肥与底土充分混匀回穴。植穴表面高出地面 3～5 厘米（图 3-32）。

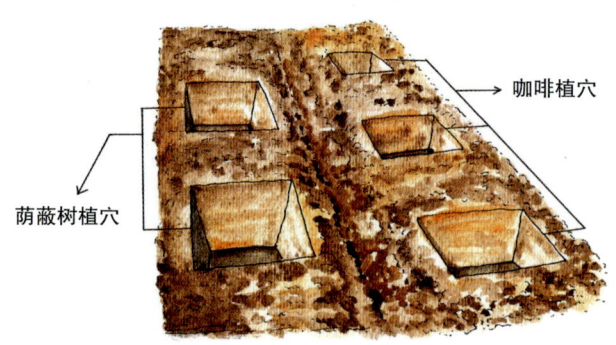

图 3-31 挖植穴

图 3-32 植穴回土回肥

③荫蔽树准备。在咖啡行间种植槟榔、椰子等作为永久荫蔽树。在株行距规划为 2 米 ×2.5 米的种植园,槟榔采取咖啡、槟榔隔行交替种植的方式,椰子采取每隔 3 行且每隔 3 株种植 1 株椰子,其余植穴种植咖啡的方式;在株行距规划为 2.5 米 ×3 米的种植园,槟榔采取咖啡、槟榔错行交替种植的方式,椰子采取每隔 2 行且每隔 2 株种植 1 株椰子,其余植穴种植咖啡的方式。若荫蔽树太矮无法及时为咖啡提供荫蔽,在定植前 3 个月,在咖啡行间播种 1 行山毛豆或木豆种子作为临时荫蔽树,株距 1 米。待永久荫蔽树可以满足咖啡荫蔽需求(图 3-33),砍伐临时荫蔽树。

图 3-33 荫蔽树

(3)定植

①定植时间。一般在春季或秋季定植,春季干旱缺水的地区以秋季定植为好。在阴天或晴天下午进行。雨天或雨后土壤湿度大,种苗根部土团易松散,

导致苗木定植后成活率低,恢复期长。

②定植方法。在植穴中心位置挖1个稍大于袋装苗土团的小穴,拆除育苗袋,将苗置于植穴内(图3-34),土团表面与地面平齐,分层回土并压实,保持土团不松散,回土至与土团平齐(图3-35)。

图3-34 定植

图3-35 定植后回土

(4)定植后管理

定植后淋足定根水。未恢复生长前,每1~2天淋水1次,保持土壤湿润,成活后淋水次数逐渐减少。定植恢复期,荫蔽度控制在50%~60%,其后荫蔽度逐渐减低,进入结果期,控制荫蔽度在25%~30%。用秸秆、椰糠等材料覆盖树盘,覆盖物距离咖啡树头5厘米左右。定植后1个月左右,检查苗木成活率。如有死株,及时补植换植,补苗过晚,园内植株大小不一致,管理不方便。

(二)中粒种咖啡大田种间嫁接技术

1. 繁育大粒种咖啡种子苗

大粒种优良母树的种子经沙床催芽,在子叶平展,真叶尚未长出前装盆,育苗盆规格宽×高为 20 厘米×30 厘米,在育苗盆的中心位置种苗。育苗基质、水肥及其他管理按前述种间嫁接苗在苗圃的管理。有条件的可以在幼苗行间铺设滴灌带滴水滴肥,每个育苗盆上方设置 2~4 个滴头,滴头距离幼苗 2~3 厘米(图 3-36),4~6 个月后,外扩滴灌带,滴头距离幼苗 4~6 厘米(图 3-37)。

图 3-36 小苗滴灌

图 3-37 大苗滴灌

2. 弱势中粒种咖啡根系复壮

3—5 月,对根系发育差的弱势中粒种施草木灰,单株施 1~1.5 千克,在树冠滴水线以内 1/2 处,单干树在靠接对侧,多干树在远离靠接侧,挖半圆形或扇形施肥穴,先将表土回至穴的 1/3 处,再将草木灰与底土充分混匀回穴,多余土回在树头上。第二年的 3—5 月,结合穴放大粒种,单株中粒种再次施用草木灰 1.5~2 千克,在中粒种树冠滴水线以内 1/2 处,且靠接侧,挖半圆形或扇形施肥穴,先将表土回至穴的 1/3 处,再以穴放的大粒种为中心,将草木灰与底土充分混匀后,放在大粒种土团底部及四周(图 3-38 至图 3-41),剩余表土回在树头上。

第一次根系复壮　　　　　　　　第二次根系复壮

图 3-38　幼龄单干树根系复壮

第一次根系复壮　　　　　　　　第二次根系复壮

图 3-39　幼龄多干树根系复壮

第三章 咖啡低产园改造技术

第一次根系复壮　　　　　　　　　第二次根系复壮

图 3-40　成龄单干树根系复壮

第一次根系复壮　　　　　　　　　第二次根系复壮

图 3-41　成龄多干树根系复壮

3. 大田种间靠接

① 中粒种幼龄树。弱势中粒种幼龄树第二年施用草木灰时，将放入施肥穴的大粒种靠接在中粒种茎干上（图3-42、图3-43）。相互靠接的两个茎干粗细较一致，靠接处直径均为0.5～1厘米，半木质化。对于茎干成熟度符合靠接要求的，也可以在第一年施用草木灰时完成中粒种-大粒种靠接。

图3-42　幼龄单干树靠接　　　　图3-43　幼龄多干树靠接

② 中粒种成龄树。弱势中粒种成龄树第一年施用草木灰的同时，植株在离地垂直高度10厘米处截干，截面倾斜45°，截口平滑，以修剪下来的枝条遮挡截口，单干树截干后在砧桩靠接侧的截口处保留2～3个壮芽，多干树在截口处不同方位较均匀地保留3～4个壮芽，用于培养新主干，为靠接做准备。第二年施用草木灰时，同时在施肥穴内放入大粒种，培养单干树的，挑选中粒种截口处最壮的新抽生主干与大粒种靠接，培养多干树的，挑选截口处较壮的2～3条新抽生主干与大粒种靠接（图3-44、图3-45）。

图 3-44 成龄单干树靠接　　　　图 3-45 成龄多干树靠接

4. 靠接后管理

靠接后中粒种、大粒种均打顶,并剪除中粒种砧桩上所有新抽生芽及多余新主干,1个月后靠接口以上大粒种截干,以修剪下来的枝条遮挡截口,再过1周解绑(图3-46至图3-49)。在植株根系复壮至结果前,每月施1次稀释5倍的沤制水肥,水肥中可以加入占其质量1%的尿素或复合肥(15-15-15),每株每次施用水肥2~3千克。沿树冠外围挖半圆形浅沟淋施,施后盖土。有条件的可以铺设滴灌带,行间铺设2条滴灌带,用于滴水滴肥,滴灌带位置在第一年施用草木灰后,铺设在中粒种树冠滴水线以内1/2处,第二年施用草木灰后,外扩滴灌带至树冠滴水线处。保证园区荫蔽度40%左右。

图 3-46　幼龄单干树靠接成活后解绑　　图 3-47　幼龄多干树靠接成活后解绑

图 3-48　成龄单干树靠接成活后解绑　　图 3-49　成龄多干树靠接成活后解绑

第三节 咖啡整形修剪技术

一、咖啡整形修剪的生物学依据

合理的整形修剪是咖啡速生丰产的保证。在植株进入结果期之前整形，使之形成强壮的骨架树形，为丰产打下基础。修剪则是在整形的基础上调节生长和结果的关系，使主干更通透，分枝层次更分明，树冠结构更合理，促进植株生长和开花结果。

咖啡主干上每节的下芽均能长出直生枝，发育成新主干，并在新主干上长出一级、二级分枝，咖啡每年的结果枝就是上年抽生的枝条，在管理得当的情况下，大部分枝条均能开花结果。因此，无论采用哪种整形方式，都是要使咖啡每年能够长出大量的结果枝，供次年开花结果，获得高产。

咖啡的生长结实规律因品种、种植地区的不同而稍有差异。中粒种一级分枝上果节较多，每个果节上果粒也较多，而二级、三级分枝结果较少，宜采用多干整形。小粒种除一级分枝结果外，二级、三级分枝也是良好的结果枝，在气候凉爽的高海拔地区，植株生长较缓慢，主干粗壮，二级、三级分枝生长旺盛，结果较多，因此，宜采用单干整形，以充分利用二级、三级分枝结果；而低海拔高温多雨的地区，小粒种具有明显的顶端优势，一级分枝的结果量显著高于二级、三级分枝。鉴于单干整形抹芽、修剪工作量大，除高海拔地区的小粒种采用单干整形外，低海拔地区的小粒种大多采用多干整形，增加一级分枝数量及果节数，从而达到高产。

土壤肥力、管理措施直接影响咖啡枝条生长。土壤肥力高，且株行距较稀疏时，宜采用多干整形，而土壤贫瘠、密植时，宜采用单干整形。

二、技术要点

（一）单干整形

由于咖啡在定植后第三年生长最旺盛，第四年便大量开花结果，如果树冠尚未形成，大量结果后则易造成枯枝现象。因此，采用单干整形时，必须根据不同品种的枝条生长特性，在定植后第二年或第三年打顶，削弱植株顶端优势，培养多层一级分枝，特别是顶端 1~4 对分枝作为骨干枝，并以二级、三级分枝作为主要结果枝，加速形成良好树形。

1. 打顶方法

包括一次打顶和多次打顶。

（1）一次打顶

当咖啡长至 1.5~1.7 米高时，将顶芽剪除。

（2）二次打顶

当咖啡长至 1~1.2 米高时进行第一次打顶，待一级分枝发育充实后（在良好的抚育管理条件下，约需半年），选留 1 条生长健壮的直生枝作为延续主干，当新主干长至 80~90 厘米高时，进行第二次打顶，打顶后不再留直生枝，控制树体高度在 1.8~2 米。

（3）三次打顶

第一次打顶高度为 0.8~1 米，第二次打顶高度为 1.2~1.5 米，第三次打顶高度为 1.6~2 米，每次打顶后保留的延续主干与上次保留的延续主干左右方向相反，以保持树冠平衡（图 3-50）。

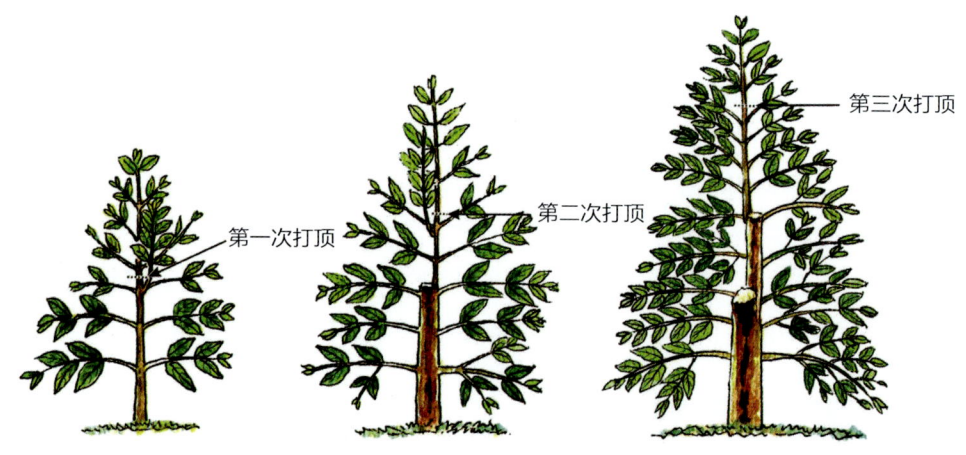

图 3-50　三次打顶

2. 打顶时间和部位

定植后第二年或第三年的 5 月左右打顶，无论是一次打顶还是多次打顶，均保留当年 5 月以前长出的 3~4 对一级分枝，距节上 2 厘米处将咖啡顶芽剪除，同时控制直生枝萌发。也可以把最上层一对分枝剪去1条，防止分枝上果实太重引起主干纵裂。

（二）多干整形

多干整形以一级分枝作为主要结果枝。因此，整形的目的就是利用咖啡主干能在每个节上长出直生枝的特性获得多条主干，并由此培养出大量健壮的一级分枝。多干整形主干不打顶，在结果4~5年后产量下降时，更新主干。从中粒种枝条生长习性来看，采用单干整形，树冠下层的分枝往往结果很少，以后顶层枝条下垂成伞形，内部枝条枯死，每年由顶层骨干枝上长出的枝条来更替结果，结果面较小，而采用多干整形除了能克服单干整形的缺点，其修剪技术也较简单，主要是定期更换新主干和修剪徒长枝。包括以下几种方法。

1. 斜植法

定植时将苗木与地面呈45°~65°斜植，培养从基部萌发分布均匀的2~3条直生枝成为新主干，原主干在结果1~2年后，从最上面的1条直生枝处截去（图3-51）。

2. 弯干法

将定植后高度约1米的主干向地面拉弯，主干顶端弯向地面，固定，及时把贴近地面的枝条修剪一部分，促使弯曲部位长出直生枝。弯干10~15天后，主干便抽出直生枝，及时疏剪过多的直生枝，选留其中分布均匀的2~3条培养成为新主干，原主干在结果1~2年后截去（图3-52）。弯干法比斜植法稍费工，且需用固定材料，如绳、铁丝、藤等。

定植

定植后抽出直生枝　　截干处

截去原主干

图 3-51　斜植培养多干

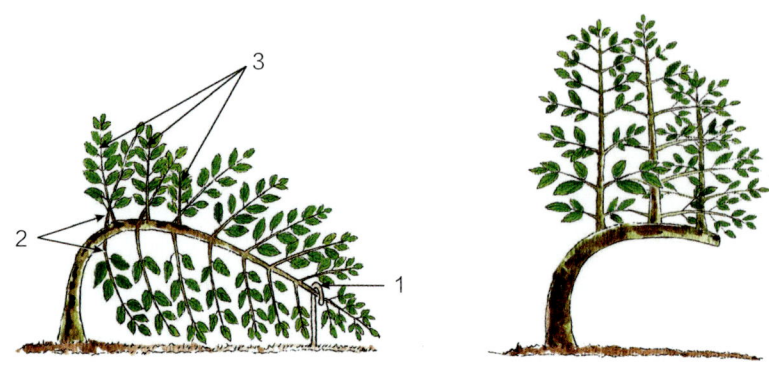

1—固定主干；2—应剪去的一级分枝；3—新抽出的直生枝。

图3-52 弯干培养多干

3.截干法

将1.5年生的较大苗木在离地25~30厘米处截干，然后定植于大田，斜植或正植均可，培养2~3条直生枝作为新主干。此法可以保证大苗定植成活率达100%，但抽生的新主干不及斜植法的旺盛。

（三）成龄树更换主干

随结果枝结果后逐渐干枯脱落，结果部位逐年升高，并最终形成结果枝越来越短、产量越来越低的伞状树形，因此，管理上一般连续收获4~5年后便需要截干更新，包括一次更换主干和分次更换主干两种形式。

1.更换主干方法

（1）一次更换

连续收获4~5年后产量开始下降时，在采果后将咖啡主干一次性地从离地25~30厘米处全部截去。为了使大型咖啡园换干后不至于产量波动太大，可分区轮流更换主干。这种方法的优点是一次更换主干，管理方便，新抽出的直生枝受光均匀，生长健壮，不会因保留的部分主干影响新主干生长。

（2）分次更换

多干树连续收获4~5年后产量开始下降时，每年更换其中1~2条主干，培养1~2条直生枝作为新主干。培养直生枝在更换主干前进行，截干时从直生枝萌出的上方截干（图3-53）。这种方法的缺点是保留的部分主干荫蔽度过大，使新抽出的直生枝发生徒长，节间距大，影响产量，且遇较大风雨易倒折。

图 3-53 分次更换主干

2. 更换主干时间

中粒种为果实采收后的 3~5 个月,小粒种为采收后的 10~11 个月。宜在降水量较少的时段截干。

(四)老树复壮

咖啡树体管理得当,经济寿命一般可达 20 年,因树体老化产量下降时可以进行复壮。老树复壮采用一次截干,采果后截干,截干后便可结果。在主干离地 30 厘米处截干,截面倾斜 45°,截口平滑,避免撕皮伤树,截面涂蜡、油漆或用薄膜绑住。截干后,按单干、多干要求,选留直生枝条作为新主干,并结合深翻施肥,修剪一部分老根,促进新根生长。做好培土工作,保护表层根系。剪根、护根措施能避免新主干徒长,促进枝干木栓化,减轻风害弯干威胁。

(五)枯枝树及弱树改造

咖啡果实成熟时要吸收整个枝条 75% 的钾、65% 的磷和氮以及相当于枝条干重 60% 的碳水化合物、40% 的镁和锰、30% 的铁和钙。咖啡大量结果后,枝条养分消耗大,如果此时养分供应不足,则大量枝条枯死,造成树冠中空。中粒种在 1—7 月前长出的一级分枝的枯枝现象尤为明显。小粒种二级分枝长出后,一级分枝不会整条干枯,但二级分枝长得少的一级分枝丰产后也会出现枯枝现象。此外,无荫蔽栽培、园地裸露无覆盖、气温较高、雨季旱季明显、病虫为害严重等均能造成枯枝。任由植株自然生长，不整形不修剪，则枯枝现象更加严重。

1. 中下部枯枝、弱枝树改造

用弯干法或截干法改造，重新培养新主干（图3-54）。

图3-54　中下部枯枝树改造

2. 中上部枯枝、弱枝树改造

在枯枝、弱枝部位截干，促使新直生枝抽生，并保留1~2条作为新主干（图3-55）。

图3-55　中上部枯枝树改造

（六）抹芽及修剪

咖啡主干每年抽出大量直生枝，特别是在打顶后15~20天，树干顶部会萌发大量的直生枝萌芽，要及时抹除（多次打顶选留1条），避免养分过多消耗，抑制一级分枝发育，延迟树冠形成。此外，咖啡主干节间相同位置的一级分枝只能抽生一次，随着一级分枝增粗，一级分枝上会长出大量的二级分枝（特别是在低海拔高温多雨地区），导致枝条过密，影响植株通风透光。因此，二级分枝长出后要及时疏剪。

1. 抹芽

用手或修剪工具小心抹除萌芽，贴近主干抹芽，不留残芽，不拉裂树皮。

2. 修剪

修剪一级分枝上距离主干 10~15 厘米内的所有二级分枝，选留一级分枝中部健壮、交替对生的二级分枝 2~4 条，其余全部剪除。及时剪除病虫枝、弱枝、干枯枝、向树干内生长的枝条，及时剪除主干上多余的直生枝，保持主干通透。小的枝条用手小心抹除，不拉裂树皮。大的枝条用修剪工具贴近枝干平剪，不留残枝。

第四节　咖啡间作技术

一、咖啡荫蔽度需求规律

（一）荫蔽对咖啡生长的影响

咖啡原产热带雨林，喜静风、荫蔽或半荫蔽、湿润环境，对强光比较敏感。当光照强度过高时，咖啡光合作用明显下降，适当荫蔽有利于植株生长。咖啡荫蔽度在 25%~30% 时产量较高，但荫蔽度过大（60%~70%），植株茎干徒长，花果稀少，产量低。

1. 提高光合速率

咖啡光合作用受品种、叶位、叶龄和叶绿素等内在因子影响，同时受光照强度、温度、水分和养分等外在因子影响。在自然条件下，光照强度是影响咖啡光合作用的主导因子。光照强度过高或过低都会使咖啡叶片光合速率下降，最终影响生长和产量。

光照强度增加到一定程度时，大气湿度饱和差增大，咖啡叶片含水量降低，含糖量增多，关闭的气孔增加，CO_2 通过气孔进入植物体内的速率降低，且光照过强还会产生光抑制甚至光氧化现象，使咖啡光合速率下降，此时光照强度与光合速率呈负相关。这是限制干旱和半干旱地区无荫蔽种植咖啡生产潜力的重要因素。因此，种植咖啡需要适当荫蔽。

2. 改善园内小气候

咖啡在全光照下蒸腾作用强烈，叶片枯萎下垂，特别是在无灌溉条件和降水量少的地区，严重影响咖啡生长。在干热季节，间作咖啡园较单作园地表最高温度低，土壤含水量高；在冬季，地表最低温度高，相对湿度高。间作遮阴明显有利于喜温凉、静风和湿润环境的咖啡生长。

3. 降低枯枝量及僵果量

咖啡枯枝僵果多，与缺钾生理失调、植物生长势弱导致褐斑病或不抗日灼等因素有关。咖啡开花结果的自控性差，只要条件适宜，即使生长势弱也能大量开花结果，造成枯枝僵果甚至死亡。适当荫蔽可以提高咖啡钾素含量，并合理控制开花结果量，从而大大降低植株枯枝量及僵果量。

4. 减轻天牛类害虫为害

咖啡旋皮天牛和灭字脊虎天牛是为害咖啡的主要钻蛀性害虫。荫蔽条件下咖啡养分与结果量较平衡，树势强，抗病虫能力强，且园内环境湿润，对喜欢在干燥、向阳处产卵的天牛有一定的抑制作用。

5. 减轻寒害

在云南，冬季白天光照强，夜间气温低。无荫蔽种植咖啡受日较差影响大，特别是以辐射降温为主的零上低温对咖啡的伤害比持续低温更为严重，易造成"冷热病"（即冬季咖啡幼树根颈与地面交接处出现皮层坏死，气温回升后植株枯萎，最后受害部位以上死亡）。日较差对咖啡幼树的影响，以无荫蔽的缓坡地植株受害率较大，而荫蔽园区植株受害较轻，荫蔽对下层空间以及地表具有增温作用，形成咖啡避寒小环境。

（二）不同时期荫蔽度需求动态

随着生育期推进，咖啡苗对遮阴的要求也在改变。移苗至长出3对真叶时荫蔽度70%~80%较好，3~6对真叶时，荫蔽度可减至50%~60%，到第1对分枝长出或大田定植前，荫蔽度可减至20%~30%，使苗木在定植前得到锻炼。定植恢复期，荫蔽度提高至50%~60%，其后荫蔽度逐渐减低，进入结果期，控制荫蔽度在 25%～30%。

二、技术要点

通过改变植物群落结构改变种植环境使之有利于某种植物生长，是提高产量的重要途径。间作能改善咖啡园种植环境，同时，也能提高单位面积土地利用率，提高地块综合经济效益。目前，咖啡生产中多采用咖啡+山毛豆、咖啡+猪屎豆等临时荫蔽，以及咖啡+槟榔、咖啡+椰子等永久荫蔽的间作模式满足咖啡荫蔽需要。

（一）临时荫蔽

在永久荫蔽树的树冠尚未形成前，应种植临时荫蔽树。常种植豆科植物，如山毛豆（白灰毛豆）、猪屎豆、木豆、田菁等。临时荫蔽树成活后，需经常修剪其过低分枝，在咖啡进入结果期后，全部砍伐用作覆盖，或者根据咖啡生长需要逐步疏伐。

（二）永久荫蔽

理想的荫蔽树应具有根深、常绿、树冠大而枝叶稀疏、抗风、抗旱、抗寒、抗病虫害且不是咖啡病虫害的寄主等特点。选择间作物要因地制宜，根据咖啡各植区种植品种、气候、优势作物等实际情况，筛选最佳间作模式。如在冬季有低温影响的地区，要选择冬季不落叶树种。目前，较为成熟的有咖啡+槟榔、咖啡+椰子、咖啡+橡胶和咖啡+香蕉等间作模式。

1. 间作物培育

（1）槟榔

① 苗圃建设。将苗圃建在地势平坦、土壤肥沃、排灌方便、交通便利、通风及阳光充足的地方。清理苗圃杂草，整平，苗圃周围挖沟排水，然后用福尔马林溶液喷洒土壤及周围消毒，晾晒 3～4 天。催芽床宽 1.5 米，长度根据地形而定。在苗圃搭设 2 米高的阴棚，以满足育苗荫蔽需求。设置灌溉系统。

② 采种。在槟榔优质种源区，远离黄化病的区域，选择健康、饱满、无病虫害的 20 年以上的优良植株作为采种母树。在果实成熟期，用采果剪剪取

图3-56 槟榔采种

第二、第三果穗上果皮呈橙黄色、个头饱满、无病虫害、无裂纹的成熟果实，采果时留果蒂（图3-56）。建议随采随用。

③催芽。催芽前清水泡种10~15天，洗净后，再用40%多菌灵可湿性粉剂800倍液浸泡2小时，洗净，催芽床内点播种果至2/3没入沙床，再盖一层薄草或透气的遮阳网（图3-57）。催芽期间保持芽床湿润。

图3-57 槟榔催芽

④育苗。催芽25~30天，剥开果蒂，将长出白色小芽点的种果移栽至育苗袋（图3-58）。育苗袋规格宽×高为10厘米×15厘米，在袋上打10个左右排水孔，孔径0.5厘米。腐熟有机肥和土壤按体积比1∶3混匀后作为营养土，每100千克营养土用500毫升40%多菌灵可湿性粉剂800倍液搅拌。在育苗袋中装入3/4袋营养土，放入种果，继续加营养土至盖过种果，露出芽点，压实营养土，淋透定根水。整齐摆放，每12株为1畦，两畦间留人行道，以便除草、查苗等管理。袋装苗外底部用土、沙等堆至袋高1/2处，防止倒苗。

第三章 咖啡低产园改造技术

图 3-58 槟榔苗装袋

⑤ 苗圃管理。15 天内每天检查种苗成活情况，未成活的重新补种。每周淋水 2～3 次，保持土壤湿润。人工清理杂草。育苗初期保持荫蔽度 50%，以后分层拆除阴棚遮阳网（图 3-59），逐渐减少荫蔽度，直到出圃前 3 个月，遮阳网全部拆除，炼苗。苗龄 5 个月后，每株施用 0.2% 复合肥（15-15-15）1 千克，每月施用 1 次。定期检查，防治病虫害（表 3-2）。

图 3-59 槟榔苗阴棚拆网

表 3-2 槟榔苗期主要病害、虫害防治方法

防治对象	防治方法
炭疽病	加强苗圃管理，及时清理病死株及落叶。用 65% 代森锌可湿性粉剂 600 倍液喷施，每隔 1 周喷施 1 次，连续喷施 2～3 次
枯萎病	加强苗圃管理，及时排出积水，清理病死株。用 75% 百菌清可湿性粉剂 800 倍液喷施，每隔 1 周喷施 1 次，连续喷施 2～3 次
介壳虫类	清除杂草，减少虫源。剪除为害严重的叶片。主要为害期（3 月下旬至 4 月、7 月）喷施 5% 吡虫啉乳油 2 000 倍液，每隔 1 周喷施 1 次，连续喷施 2～3 次
蟋蟀	人工除害
蚂蚁	用 40% 辛硫磷乳油 1 000～1 500 倍液，或 10% 高效氯氰菊酯乳油 3 000～4 000 倍液喷施，每隔 1 周喷施 1 次，连续喷施 2～3 次
蜗牛	清除杂草，减少依附地

⑥ 出圃。按咖啡＋槟榔间作模式中槟榔的定植要求出圃，将穿出育苗袋的槟榔苗根系剪断，保持育苗袋完整不破损。

（2）椰子

① 苗圃建设。将苗圃建在地势平坦、土壤肥沃、排灌方便、交通便利的地方，避开病虫为害严重的区域。苗圃用河沙垫底，河沙先用40%多菌灵可湿性粉剂800倍液消毒，每升多菌灵搅拌200千克河沙。催芽床宽1.5米、高20厘米，长度根据地形而定，催芽床之间留一条30厘米宽的人行道。在苗圃搭设2米高的阴棚，以满足育苗荫蔽需求。设置灌溉系统。

② 催芽。在种果果蒂旁果肩最凸出部分45°倾斜切去直径10～15厘米的椰果种皮（图3-60），以利于种果吸收水分和正常出芽，减少畸形苗。开沟，将种果斜切面向上并朝同一个方向倾斜约45°逐个排列在沟内，盖沙至种果3/4处（图3-61），淋透水。定期淋水，保持催芽床湿润，控制荫蔽度50%～60%，预防鼠害、畜害和病虫害等。

图3-60 椰果切种皮

图3-61 椰子催芽

③ 育苗。种果芽长20厘米时，淘汰畸形芽苗，按芽长短分级移栽至育苗袋。育苗袋口径20～30厘米、高度30～45厘米，在袋上打10个左右排水孔，孔径0.5厘米。以1吨表土中加入20千克钙镁磷肥充分混匀，作为营养土。在育苗袋中装入1/3袋营养土，放入芽苗，继续加营养土至盖过种果，露出芽点，压实营养土（图3-62），淋透定根水。袋装苗按株行距40厘米×40厘米排列，外底部用土、沙等堆至袋高1/2处（图3-63），防止倒苗。

④ 苗圃管理。每周淋水2～3次，在育苗袋内覆盖一层椰糠或落叶碎屑，

第三章 咖啡低产园改造技术

图 3-62 椰子苗装袋

减少水分蒸发，保持土壤湿润。育苗初期保持荫蔽度40%，以后逐渐减少荫蔽度，直到出圃前3个月，拆除阴棚全部遮阳网，炼苗。苗龄4～5个月后追施复合肥（15-15-15），每株施用5～10克复合肥或0.5%复合肥1千克，每2个月施用1次。定期检查，防治病虫害（表3-3）。

图 3-63 椰子苗摆放

表 3-3 椰子苗期主要病害、虫害症状及防治方法

防治对象	症状	防治方法
灰斑病	初期嫩叶出现橙黄色小圆点，然后扩散成中心灰白色或暗褐色，边缘黄褐色，长5厘米以上的条斑，最后条斑聚成不规则坏死斑块。严重时叶片干枯皱缩，呈火烧状	发病初期，用50%克菌丹可湿性粉剂300～500倍液，或70%代森锰锌可湿性粉剂400～600倍液喷施，每周喷施1次，连续喷施2～3次。为害严重时先剪除病叶再喷药
芽腐病	为害嫩叶及芽基部。初期心叶停止抽生，嫩叶停止生长，然后枯萎腐烂，散发臭味，外层叶片相继枯萎。多发生在潮湿多雨地区	用40%硫磺·多菌灵悬浮剂200～300倍液浇灌心叶，每10～15天浇灌1次，连续浇灌2～3次。将为害严重的病株移出苗圃并集中处理
介壳虫类	若虫和雌虫主要为害叶片，附着在叶背吸取叶片汁液，致使叶片呈不规则的褪绿黄斑。介壳虫分泌的蜜露可导致煤烟病	剪除为害严重的叶片，主要为害期（3月下旬至4月、7月）喷施5%吡虫啉乳油2 000倍液，每隔1周喷施1次，连续喷施2～3次

续表

防治对象	症状	防治方法
黑刺粉虱	幼虫和成虫群集在叶背吸取叶片汁液并形成黄斑，分泌的蜜露可导致煤烟病，影响植株生长，严重时可使叶片枯死	剪除为害严重的叶片，喷施5%吡虫啉乳油2 000倍液，或1.8%阿维菌素1 000倍液，每隔1周喷施1次，连续喷施2~3次
椰心叶甲	幼虫和成虫藏于未展开的心叶或心叶间取食为害。心叶受害后干枯变褐，影响幼苗生长。严重时导致幼苗死亡	用40%辛硫磷乳油1 000~1 500倍液，或10%高效氯氰菊酯乳油3 000~4 000倍液喷施叶心，每3周喷施1次，连续喷施2~3次

⑤出圃。按咖啡+椰子间作模式中椰子的定植要求出圃，将穿出育苗袋的椰苗根系剪断，保持育苗袋完整不破损，叶片较多的种苗可剪去部分老叶。

（3）橡胶

①苗圃建设。将苗圃建在地势平坦、土壤肥沃、排灌方便、交通便利、静风向阳、非根病区、靠近种植地，但与生产性胶园相距100米以上或具备有效隔离措施的地方。清理苗圃杂草，整平，规划好道路系统、排灌系统等基础设施，还应有芽条临时存放点、催芽床、阴棚、生产物资仓储等配套设施。催芽床宽1.5米，高20厘米，长度根据地形而定，催芽床之间留1条30厘米宽的人行道。

②砧木、芽条准备。培育砧木用的种子采自经认证或推荐的砧木种子园，在寒害、旱害地区优先选用有利于抗寒、抗旱的砧木种子育苗。种子龟背朝上或朝侧面播种，每平方米大约播种1 100粒，播种后淋水，以淋水后微露龟背为宜。适宜芽接的砧木苗高15厘米以上，基部直径大于0.35厘米，且真叶未完全展开，茎干不扭曲、无损伤，种子不脱落，主根基本完好，植株无病害（图3-64）。芽条选用外形较直、健壮、顶蓬叶稳定且芽眼多的茎条，优先选用芽眼饱满、无损伤的大叶芽、大鳞片芽等做芽片。不使用老萌动芽、针眼芽、死芽、

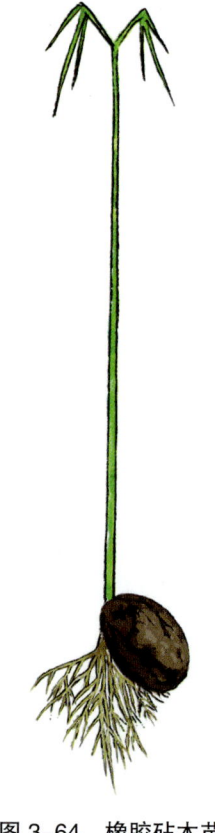

图3-64 橡胶砧木苗

蟹眼芽和假芽等做芽片。芽条运输途中避免重压、日晒，注意保湿。当天芽接不完的芽条，用干净河沙或报纸等保湿，摊放在阴凉通风的芽条存放点。

③ 育苗。2—4月或9—11月芽接，采用腹接法，在砧木苗茎干较宽处开出长约3厘米、宽占半茎围的芽接口，将芽片插入芽接口，用绑带自下而上捆绑，将芽接后的幼苗移栽至育苗袋。育苗袋规格宽×高为10厘米×15厘米，在袋上打10个左右排水孔，孔径0.5厘米。在没有橡胶树根病或根病寄主作物种植史的地块采集肥沃表土，营养土为表土：腐熟有机肥：过磷酸钙按体积比（70～90）:（10～30）:1或表土：腐熟有机肥：泥炭土按体积比8:8:1混匀，育苗袋中先装入约袋高1/5的营养土撑开袋底，将芽接后的幼苗放在袋子中心位置，让接芽在育苗袋口以上，继续加营养土至离袋口1～2厘米处，压实营养土，淋透定根水。摆放时每6株为1畦，畦内株行距10厘米×10厘米，两畦间留60厘米宽人行道（图3-65），袋装苗外底部用土、沙等堆至袋高1/2处，防止倒苗。

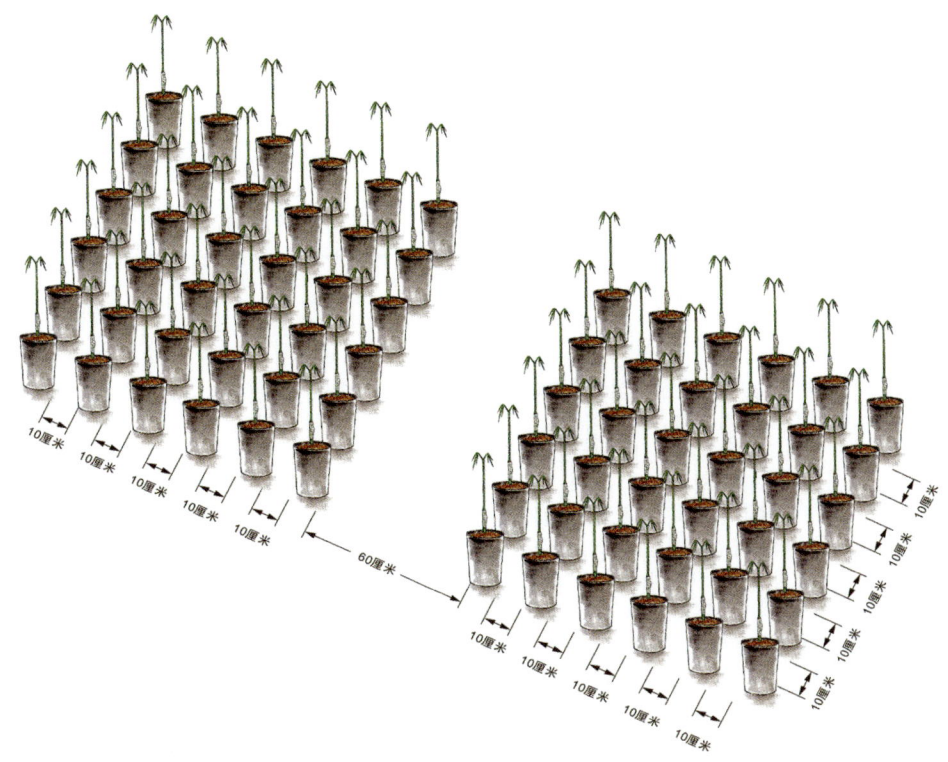

图3-65　橡胶苗摆放

④ 苗圃管理。每周淋水 2～3 次，保持土壤湿润。幼苗移栽 2 周后每株施用 0.5% 复合肥（15-15-15）1 千克，每月施用 1 次。芽接后 30 天左右解绑，在确认芽接成活后，剪除砧木苗顶芽，保留 2 片真叶，并将真叶的腋芽抹除，之后每周抹芽 1 次，确保砧木苗新发的芽全部抹除。冬季气温低于 10℃时，阴棚搭设帘子保温（图 3-66），持续低温时需加热升温，确保苗木安全越冬。定期检查，做好除草、荫蔽、防治病虫害（表 3-4）等工作。出圃前 3 个月，逐步拆除阴棚遮阳网，炼苗。

图 3-66　橡胶苗阴棚搭设帘子

表 3-4　橡胶苗期主要病害、虫害症状及防治方法

防治对象	症状	防治方法
白粉病	为害嫩叶、嫩芽、嫩梢和花序。发病初期嫩叶的叶腹或叶背上出现辐射状的银白色菌丝，呈蜘蛛网状，以后遇高温呈大小不等的浅黄色病斑，其上覆盖一层白粉，即病菌的分生孢子梗和分生孢子，形成大小不一的白粉斑，即新鲜活动斑。嫩叶染病初期若遇高温，病斑上的菌丝生长受到抑制而病斑变为红褐色。当气温适宜时，红斑还可以恢复产生分生孢子，使病斑继续扩大。发病严重时，重病叶布满白粉，皱缩畸形、变黄、脱落。嫩芽和花序染病后，出现一层白粉，严重时嫩芽坏死、花蕾全部脱落，只留下花轴	选用抗性品种，适当增施有机肥和钾肥。发病 2～3 天内，每亩喷施 90% 细硫黄粉 0.8～1 千克，或 12.5% 腈菌唑乳油 2 000～2 500 倍液，或 20% 三唑酮乳油 1 000～1 500 倍液，每 7～8 天喷施 1 次，连续喷施 2～3 次

续表

防治对象	症状	防治方法
炭疽病	主要发生在古铜色和淡绿色嫩叶上，病斑近圆形或不规则形、暗绿色或褐色，边缘可见黑色坏死线。严重时叶尖和叶缘变黑，扭曲，叶片凋萎脱落。老叶染病后叶尖和叶缘呈圆形或不规则形灰褐色至灰白色病斑，其上散生或轮生小黑点。嫩梢、叶柄和叶脉染病后，出现黑色下陷小点或黑色条斑	选用抗性品种，及时清除病株残体。在发病初期喷施50%多菌灵可湿性粉剂500倍液，或75%百菌清可湿性粉剂600~800倍液，或70%甲基硫菌灵可湿性粉剂700~1 000倍液，每7~8天喷施1次，连续喷施2~3次
棒孢霉落叶病	最典型的症状是叶片的主脉及邻近的侧脉上有棕色或黑色的短线，呈鱼骨状或铁轨状。老叶上呈不规则形或多角形浅褐色至黑色病斑，外围有晕圈，后期病斑中央组织变成银白色纸质状，边缘深褐色。顶端嫩叶有时产生不规则斑点，严重受害时叶片皱缩，干枯脱落。嫩梢表面呈黑色条纹，树皮爆裂，自上而下回枯。染病幼树发生多次落叶，树冠光秃，植株生长缓慢	选用抗性品种，及时清除病株残体。在雨季每5天、旱季每7~10天喷施1次50%苯菌灵可湿性粉剂500~800倍液，或40%多菌灵可湿性粉剂800倍液，或25%咪鲜·多菌灵可湿性粉剂600~800倍液，连续喷施2~3次
根病	树冠稀疏，枯枝多，不抽顶芽或抽芽不均匀，叶片变小、变黄、无光泽，有的叶片卷缩。病根出现红根、褐根、紫根、臭根、黑根、白根或黑纹根等现象，有时伴随蘑菇味或粪便臭味。茎干多表现干腐或湿腐状	选用抗性品种，及时清除病株残体，并在病株四周挖1条15~20厘米深的环形沟，撒施生石灰。以750克/升十三吗啉乳油20~30毫升兑水2 000毫升作为药液，每个病株先用1 000毫升药液均匀地淋灌在环形沟和袋装苗土壤内，环形沟覆土后将剩下的1 000毫升药液均匀地淋灌在环形沟内，每6个月施药1次，连续施药4次
小蠹虫	成虫从橡胶树茎干上受风、寒、病害等而衰弱坏死的组织表皮蛀入木质部。树皮和木质部表面可见大量近圆形的小蛀孔或泪状流胶，树皮上的新蛀孔有粉末状或挤压成条的木屑状虫粪排出。受害茎干蛀空易折断，严重的导致整株死亡	选用抗风、抗寒、抗病、抗旱品种，灾后及时清除枯死枝干，清除园内外其他寄主植物，切断虫源。保护和利用金小蜂等害虫天敌，选用聚集性激素等进行诱杀，合理使用绿色木霉、绿僵菌等生物制剂。沿小蛀孔注射10%高效氯氰菊酯乳油3 000~4 000倍液，每7~8天注射1次，连续注射2~3次

续表

防治对象	症状	防治方法
橡副珠蜡蚧	若虫和成虫多集中于幼苗的茎干上刺吸为害，严重时虫体布满枝干及叶片表面，刺吸掠夺树体营养，同时诱发煤烟病，造成落叶枯梢，生长缓慢	选用抗性品种，及时清除有虫植株残体，清除园内外其他寄主植物，切断虫源。保护和利用跳小蜂等介壳虫天敌。重点做好1~2龄虫高峰期防治。介壳虫繁殖高峰期，在晴天9：00~11：00时或16：00时后喷施3%啶虫脒乳油1 000倍液，或2.5%溴氰菊酯乳油1 000倍液，每7~8天喷施1次，连续喷施2~3次
六点始叶螨	主要为害植株老叶。以害虫沿叶片主脉刺吸两侧叶肉组织进行为害，叶片褪绿，呈黄色斑块，为害严重时造成叶片枯黄脱落	选用抗性品种，及时清除植株残体。保护和利用捕食螨、拟小食螨瓢虫等叶螨天敌。当每100片树叶害螨数量达3 000~4 000头时，喷施1.8%阿维菌素乳油3 000倍液，或15%哒螨灵乳油2 000倍液，或20%四螨嗪悬浮剂2 000倍液，或18%喹螨醚悬浮剂4 000~5 000倍液，每7~8天喷施1次，连续喷施2~3次

⑤出圃。按咖啡＋橡胶间作模式中橡胶的定植要求出圃，出圃前1周停止淋水，待营养土结团后，剪断从育苗袋中穿出来的根系，在确保营养土结团、育苗袋完整不破损的情况下运苗。短途运输的苗木一般不叠放，长途运输的苗木一般隔层分别放置（图3-67）。运输过程避免苗木挤压、划伤、暴晒和风吹等。

（4）香蕉

①苗圃建设。将苗圃建在地势平坦、土壤肥沃、排灌方便、交通便利、背风及阳光充足的地方。苗圃还要远离旧蕉园及容易传播香蕉病虫害的中

图3-67 橡胶苗出圃

间寄主作物，如茄子、辣椒、葫芦科的瓜类、豆科作物、玉米、姜及芋头等。清理苗圃杂草，整平。苗圃用河沙垫底并杀虫，河沙先用40%多菌灵可湿性粉剂800倍液消毒，每升多菌灵搅拌200千克河沙。用杀虫剂如2.5%溴氰菊酯乳油1000倍液全面杀虫，晾晒3~4天。苗圃周围挖沟排水。起畦作为苗床，畦面宽1.5米，两畦之间留1条30厘米宽的人行道。在苗圃搭设2米高的阴棚，以满足育苗荫蔽需求。设置灌溉系统。

②育苗。试管苗一般在11月至第二年1月下旬或6—7月移栽至育苗袋。将密封的试管苗放入阴棚，一字排开，炼苗3~5天（图3-68）。打开密封袋，装入少量水，将苗轻轻拉出，洗净根部培养基（图3-69）。育苗袋规格宽×高为20厘米×30厘米，在袋上打10个左右排水孔，孔径0.5厘米。营养土为塘泥：火烧土：河沙按体积比1:1:1混匀，疏松透气。装袋前苗床上施少量杀虫剂防治地下害虫，在育苗袋中装入4/5袋营养土，移苗前先将育苗袋淋透水，移苗时用竹签在育苗袋正中插个小洞，把苗放入，并将根部理顺后轻轻压实，淋透水，表面再铺1~2厘米粗河沙。将育苗袋紧密排列，袋装苗外底部用土、沙等堆至袋高1/2处，防止倒苗。

图3-68　香蕉苗炼苗

图 3-69 香蕉苗洗根

③ 苗圃管理。移苗后 7～10 天棚内空气湿度保持在 95% 左右。长出新根后，浇水应掌握育苗袋表面粗沙干湿交替或上干下湿的原则。高温干旱季节喷雾降温保湿。出圃前适当控水。棚内温度控制在 25～30℃，12℃ 以下香蕉苗停止生长。冬季通过搭拱棚（图 3-70）、盖草等方式增温。在抽生 2 片新叶后每周喷施叶面肥（图 3-71），如尿素、复合肥、磷酸二氢钾等，浓度在 0.1% 左右。生长量较大时，每隔 4～5 天喷施 1 次。每 10～15 天结合施肥喷施 70% 甲基硫菌灵 800～1 000 倍液，或 75% 百菌清 1 000 倍液。并且，要经常通风换气，降低空气湿度，减少真菌病害发生。

图 3-70 香蕉苗搭拱棚

图 3-71　香蕉苗喷施叶面肥

④ 出圃。按咖啡＋香蕉间作模式中香蕉的定植要求出圃。首先剔除叶片、叶柄过分细长，叶面不规则、扭曲、花叶，植株矮小的变异苗。并且，要求香蕉苗生长健壮，叶片浓绿、完整，主干直立、不徒长，根系发达，分布均匀，无腐烂现象，无检疫性病虫，无严重病虫害。将穿出育苗袋的香蕉苗根系剪断，保持育苗袋完整不破损，叶片较多的种苗剪去部分老叶，并排置于包装箱内，不倒置，不挤压茎叶。运输过程中轻拿轻放，防雨淋、强光直射，注意通风保湿，严防压断茎叶。

2. 定植密度

（1）咖啡＋槟榔间作模式

槟榔无主根而须根发达，属于浅根系植物，树冠小，干高且坚硬，挺直而不分枝，是理想的咖啡间作树种，在海南万宁、琼海等地均有咖啡＋槟榔间作模式，因此，间作槟榔可为咖啡低产园提供荫蔽。中粒种咖啡株行距一般为（2～2.5）米×（2.5～3）米，咖啡种植密度较大，如在株行距 2 米×2.5 米低产园，可进行隔行疏伐，并在原疏伐位置定植槟榔，即咖啡行和槟榔行交替栽培，每公顷种植咖啡、槟榔各 1 000 株（图 3-72）。咖啡种植密度较小，如在株行距 2.5 米×3 米低产园，每相邻 4 株咖啡围成的长方形的对角线交叉点处定植槟榔，即咖啡行和槟榔行交替栽培，每公顷种植咖啡、槟榔各 1 333 株（图 3-73）。

咖啡低产园改造技术彩色图解

图3-72 咖啡+槟榔间作模式(2米×2.5米)

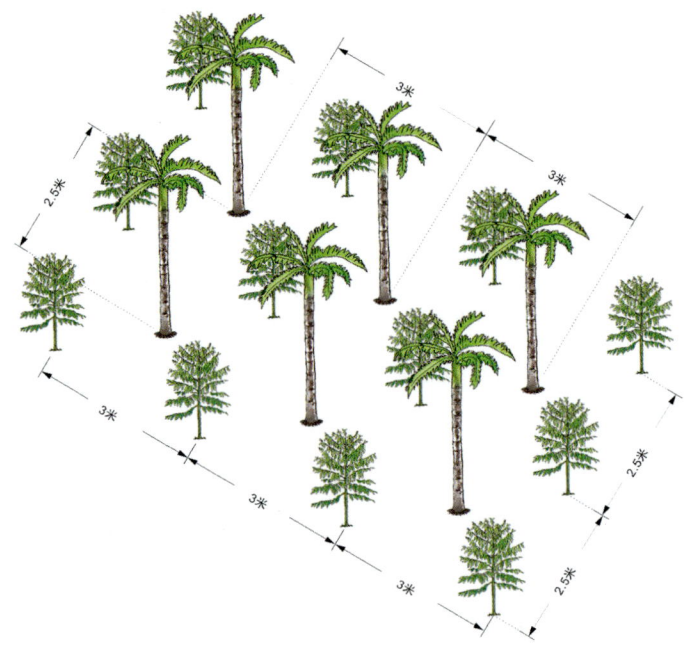

图3-73 咖啡+槟榔间作模式(2.5米×3米)

（2）咖啡+椰子间作模式

椰子树形高大，树干笔直，无分枝，冠幅蓬形，叶片疏朗，占据空间较小，通风透光，部分阳光透过叶层及株间到达下层，在海南万宁、琼海等地均有咖啡+椰子间作模式，因此，间作椰子也可为咖啡低产园提供荫蔽。在株行距2米×2.5米中粒种低产园，每隔3行且每隔3株疏伐1株咖啡，并在原疏伐位置定植椰子，即每公顷种植咖啡1 875株，椰子125株（图3-74）。在株行距2.5米×3米中粒种低产园，每隔2行且每隔2株疏伐1株咖啡，并在原疏伐位置定植椰子，即每公顷种植咖啡1 185株，椰子148株（图3-75）。

（3）咖啡+橡胶间作模式

橡胶冠幅较大，采用宽行密植的定植方式，可以为咖啡提供适宜的荫蔽度，并且，橡胶在1月底落叶，缓解12月至第二年1月低温对咖啡的影响，并使咖啡得到近1个月的全光照，这对咖啡花芽发育（开花前需要一定干旱条件）、

图3-74　咖啡+椰子间作模式（2米×2.5米）

图 3-75 咖啡+椰子间作模式（2.5 米 ×3 米）

增产有很好的促进作用。在海南儋州、云南德宏傣族景颇族自治州等地均有咖啡+橡胶间作模式，是咖啡较常见的荫蔽树，但在咖啡低产园，为避免定植橡胶后过度荫蔽，需疏伐较多咖啡，为咖啡和橡胶之间提供适宜行距，满足咖啡开花结果需要。在中粒种低产园，均采用每隔3行疏伐3行咖啡的方式，并在相邻疏伐行的中间行、原疏伐位置上定植橡胶，如株行距2米×2.5米低产园，每公顷种植咖啡1 000株，橡胶333株。株行距2.5米×3米低产园，每公顷种植咖啡666株，橡胶222株（图3-76）。小粒种咖啡株行距一般为（0.8～1）米×（1.8～2）米，在小粒种低产园，均采用每隔4行疏伐5行咖啡的方式，并在相邻疏伐行的中间行、原疏伐位置上每隔2株定植1株橡胶，如株行距0.8米×1.8米低产园，每公顷种植咖啡3 086株，橡胶257株。株行距1米×2米低产园，每公顷种植咖啡2 222株，橡胶185株（图3-77）。

第三章 咖啡低产园改造技术

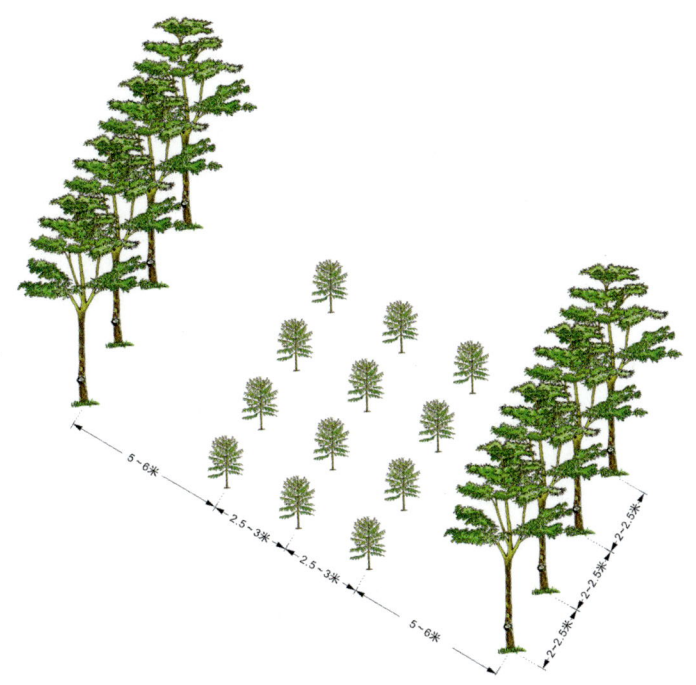

图 3-76 中粒种咖啡 + 橡胶间作模式

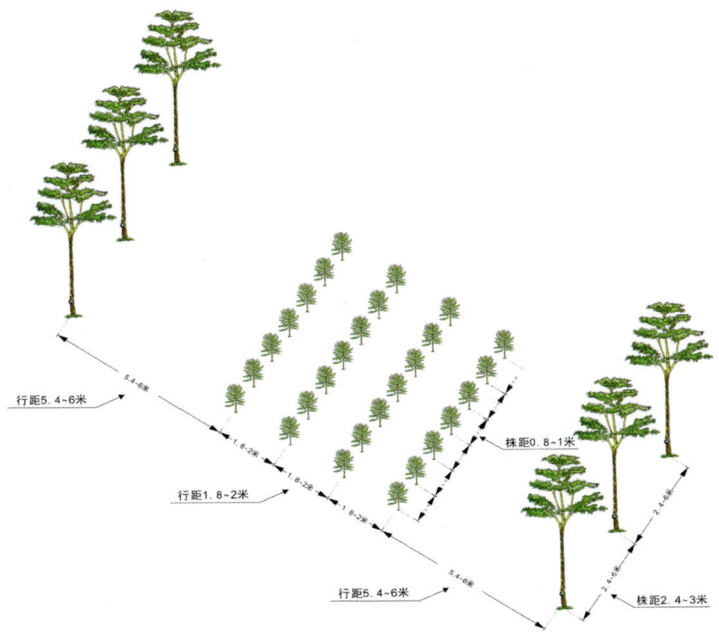

图 3-77 小粒种咖啡 + 橡胶间作模式

（4）咖啡+香蕉间作模式

香蕉投产早、见效快，生长迅速，树冠遮阴性好，与咖啡共生性强，两种作物无严重的共同病虫害，在海南澄迈、云南保山等地均有咖啡+香蕉间作模式，是咖啡理想的荫蔽树。在株行距2米×2.5米中粒种低产园，每隔2行疏伐1行咖啡，并在原疏伐位置上定植香蕉，即每公顷种植咖啡1 333株，香蕉666株（图3-78）。在株行距2.5米×3米中粒种低产园，每隔2行咖啡，在相邻4株咖啡围成的长方形的对角线交叉点处定植香蕉，即2行咖啡和1行香蕉交替栽培，每公顷种植咖啡1 333株，香蕉666株（图3-79）。在小粒种低产园，均采用每隔2行疏伐1行咖啡的方式，并在原疏伐位置上每隔2株定植1株香蕉，即株行距0.8米×1.8米低产园，每公顷种植咖啡4 629株，香蕉771株。株行距1米×2米低产园，每公顷种植咖啡3 333株，香蕉555株（图3-80）。

图3-78　中粒种咖啡+香蕉间作模式（2米×2.5米）

第三章 咖啡低产园改造技术

图 3-79 中粒种咖啡 + 香蕉间作模式（2.5 米 × 3 米）

图 3-80 小粒种咖啡 + 香蕉间作模式

79

3. 定植时间

结合咖啡截干更新，在春季或秋季定植间作物，春季干旱缺水的地区以秋季定植为好。冬季气温较低的地区，定植时间宜早，不宜迟于7月中旬，根据降水量情况，于3—5月定植较好，让植株有较长时间恢复生长，利于越冬。定植一般在阴天或晴天下午进行，雨天或雨后土壤湿度大，种苗根部土团易散开，导致苗木定植后成活率低、恢复期长。

4. 定植方法

开挖间作物种植穴。槟榔种植穴面宽×深度×底宽为80厘米×60厘米×80厘米，椰子、橡胶种植穴为80厘米×70厘米×60厘米，香蕉种植穴为60厘米×60厘米×60厘米（图3-81）。挖穴时表土、底土分开放置，定植前半个月回土，先将表土回至穴的1/3处，再将20～30千克腐熟有机肥、500克钙镁磷肥与底土充分混匀回穴，做成比地面稍高的土堆，选择高80～100厘米的健壮苗木定植。采用袋装苗定植，撕开育苗袋后，将苗木放入植穴中，土团尽量不松散，以免伤根。定植后压实根周土壤，淋足定根水。搭设遮阳网（图3-82）或提前种植临时荫蔽树（图3-83），防止苗木晒伤，减少蒸发。

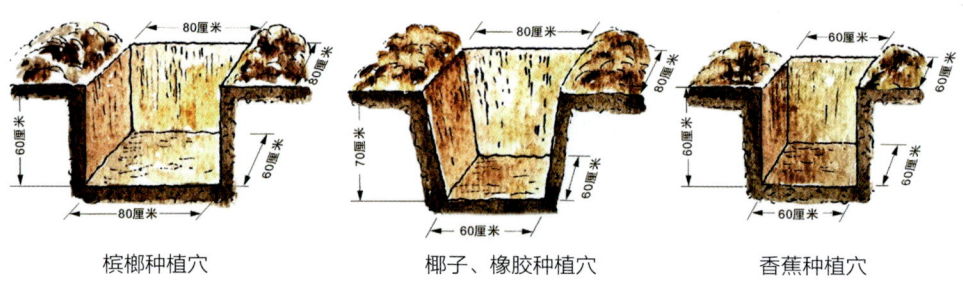

槟榔种植穴　　　椰子、橡胶种植穴　　　香蕉种植穴

图 3-81　间作物种植穴规格

图 3-82　搭设遮阳网

图 3-83 种植临时荫蔽树

5. 配套管理

（1）施肥管理

① 咖啡＋槟榔间作模式。在槟榔结果前，每年施肥 3 次。每年 3—4 月施肥 1 次，咖啡和槟榔分别每株施有机肥 5～10 千克、尿素 100～150 克、钙镁磷肥 150～200 克，7—8 月、11—12 月各施肥 1 次，2 次施肥方案相同，咖啡每次每株施尿素和氯化钾各 80～120 克（表 3-5）。在槟榔结果后，每年施肥 3 次。每年 3—4 月施肥 1 次，咖啡、槟榔分别每株施有机肥 10～15 千克，咖啡每株施尿素和钙镁磷肥各 150～200 克，槟榔每株施氯化钾 150～200 克，7—8 月、11—12 月各施肥 1 次，2 次施肥方案相同，咖啡、槟榔分别每次每株施尿素和氯化钾各 80～120 克（表 3-6）。

② 咖啡＋椰子间作模式。在椰子结果前，每年施肥 3 次。每年 3—4 月施肥 1 次，咖啡和椰子分别每株施有机肥 5～10 千克、尿素 100～150 克、钙镁磷肥 150～200 克，7—8 月、11—12 月各施肥 1 次，2 次施肥方案相同，咖啡、椰子分别每次每株施尿素和氯化钾各 80～120 克（表 3-7）。在椰子结果后，每年施肥 3 次。每年 3—4 月施肥 1 次，咖啡、椰子分别每株施有机肥 10～15 千克，咖啡每株施尿素和钙镁磷肥各 150～200 克，椰子每株施尿素 270～300 克、钙镁磷肥 150～180 克、氯化钾 650～680 克，7—8 月、11—12 月各施肥 1 次，2 次施肥方案相同，咖啡每次每株施尿素和氯化钾各 80～120 克，椰子每次每株施尿素 270～300 克、钙镁磷肥 150～180 克、氯化钾 650～680 克（表 3-8）。

表 3-5 咖啡 + 槟榔地块在槟榔结果前的施肥方案（单株施用量）

3—4月						7—8月				11—12月	
咖啡			槟榔			咖啡		槟榔		咖啡	
有机肥	尿素	钙镁磷肥	有机肥	尿素	钙镁磷肥	尿素	氯化钾	尿素	氯化钾	尿素	氯化钾
施用量 5~10千克	100~150克	150~200克	5~10千克	100~150克	150~200克	80~120克	80~120克	80~120克	80~120克	80~120克	80~120克

表 3-6 咖啡 + 槟榔地块在槟榔结果后的施肥方案（单株施用量）

3—4月						7—8月				11—12月	
咖啡			槟榔			咖啡		槟榔		咖啡	
有机肥	尿素	钙镁磷肥	有机肥	尿素	氯化钾	尿素	氯化钾	尿素	氯化钾	尿素	氯化钾
施用量 10~15千克	150~200克	150~200克	10~15千克	150~200克	150~200克	80~120克	80~120克	80~120克	80~120克	80~120克	80~120克

表 3-7　咖啡+椰子地块在椰子结果前的施肥方案（单株施用量）

	3—4月					7—8月				11—12月			
	咖啡		椰子			咖啡		椰子		咖啡		椰子	
	尿素	钙镁磷肥	有机肥	尿素	钙镁磷肥	尿素	氯化钾	尿素	氯化钾	尿素	氯化钾	尿素	氯化钾
施用量	100~150克	150~200克	5~10千克	100~150克	150~200克	80~120克	80~120克	80~120克	80~120克	80~120克	80~120克	80~120克	80~120克

表 3-8　咖啡+椰子地块在椰子结果后的施肥方案（单株施用量）

	3—4月							7—8月					11—12月				
	咖啡			椰子				咖啡		椰子			咖啡		椰子		
	有机肥	尿素	钙镁磷肥	有机肥	尿素	钙镁磷肥	氯化钾	尿素	氯化钾	尿素	钙镁磷肥	氯化钾	尿素	氯化钾	尿素	钙镁磷肥	氯化钾
施用量	10~15千克	150~200克	150~200克	10~15千克	270~300克	150~180克	650~680克	80~120克	80~120克	270~300克	150~180克	650~680克	80~120克	80~120克	270~300克	150~180克	650~680克

③咖啡+橡胶间作模式。在橡胶开割前,每年施肥3次。每年3—4月施肥1次,中粒种每株施有机肥5~10千克、尿素100~150克、钙镁磷肥150~200克,橡胶每株施有机肥10~15千克、尿素和钙镁磷肥各200~350克,7—8月施肥1次,中粒种、橡胶分别每株施尿素和氯化钾各80~120克,11—12月施肥1次,中粒种每株施尿素和氯化钾各80~120克,橡胶每株施硫酸镁和氯化钾各80~120克(表3-9)。橡胶开割后,每年施肥3次。每年3—4月施肥1次,中粒种每株施有机肥5~10千克、尿素100~150克、钙镁磷肥150~200克,橡胶每株施有机肥25~30千克、尿素600~800克、钙镁磷肥400~500克,7—8月施肥1次,中粒种、橡胶分别每株施尿素和氯化钾各80~120克,11—12月施肥1次,中粒种每株施尿素和氯化钾各80~120克,橡胶每株施硫酸镁和氯化钾各150~200克(表3-10)。小粒种施肥时期、每次施肥的肥料种类与中粒种相同,但有机肥、氯化钾按中粒种肥量的一半施用,尿素约减至中粒种肥量的1/3,钙镁磷肥的用量与中粒种一致,地块内的橡胶施肥与中粒种地块内橡胶的施肥方案一致(表3-9、表3-10)。小粒种在雨季土壤湿润时施肥效果最佳,可适当提前或推后施肥期,提高肥效。对争肥较重的橡胶,挖隔离沟控制争肥。

④咖啡+香蕉间作模式。中粒种每年施肥3次,每年3—4月,每株施有机肥5~10千克、尿素和钙镁磷肥各150~200克,7—8月、11—12月各施肥1次,2次施肥方案相同,每次每株施尿素和氯化钾各80~120克。小粒种施肥时期、每次施肥的肥料种类与中粒种相同,但有机肥、氯化钾按中粒种肥量的一半施用,尿素约减至中粒种肥量的1/3,钙镁磷肥的用量与中粒种一致(表3-11)。为提高肥效,可适当提前或推后小粒种施肥期,在土壤湿润时施肥。香蕉每年5—7月淋施尿素,每月淋施2次,5月每次每株淋施10克,6月每次每株淋施20克,7月每次每株淋施50克,9—12月每月施肥1次,每次每株施尿素70~80克、花生麸和氯化钾各150~200克,并在10—11月增施火烧土15~20千克、钙镁磷肥240~260克(表3-12)。

(2)修剪

在间作模式中对咖啡的修剪管理,参照本章第三节咖啡整形修剪技术。在咖啡+槟榔、咖啡+椰子间作模式中,以咖啡的修剪为主。及时清除槟榔、椰子老枯叶片(图3-84),以防掉落砸伤咖啡。

表3-9 咖啡+橡胶地块在橡胶开割前的施肥方案（单株施用量）

	3—4月					7—8月				11—12月			
	咖啡			橡胶		咖啡		橡胶		咖啡		橡胶	
	有机肥	尿素	钙镁磷肥	尿素	钙镁磷肥	尿素	氯化钾	尿素	氯化钾	尿素	氯化钾	硫酸镁	氯化钾
中粒种	5~10 千克	100~150 克	150~200 克	200~350 克	200~350 克	80~120 克	80~120 克	80~120 克	80~120 克	80~120 克	80~120 克	80~120 克	80~120 克
小粒种	2.5~5 千克	30~50 克	150~200 克	200~350 克	200~350 克	25~40 克	40~60 克	80~120 克	80~120 克	25~40 克	40~60 克	80~120 克	80~120 克

表3-10 咖啡+橡胶地块在橡胶开割后的施肥方案（单株施用量）

	3—4月						7—8月				11—12月			
	咖啡			橡胶			咖啡		橡胶		咖啡		橡胶	
	有机肥	尿素	钙镁磷肥	有机肥	尿素	钙镁磷肥	尿素	氯化钾	尿素	氯化钾	尿素	氯化钾	硫酸镁	氯化钾
中粒种	5~10 千克	100~150 克	150~200 克	25~30 千克	600~800 克	400~500 克	80~120 克	80~120 克	80~120 克	80~120 克	80~120 克	80~120 克	150~200 克	150~200 克
小粒种	2.5~5 千克	30~50 克	150~200 克	25~30 千克	600~800 克	400~500 克	25~40 克	40~60 克	80~120 克	80~120 克	25~40 克	40~60 克	150~200 克	150~200 克

表 3-11 咖啡+香蕉地块的咖啡施肥方案（单株施用量）

	有机肥	3—4月 尿素	3—4月 钙镁磷肥	7—8月 尿素	7—8月 氯化钾	11—12月 尿素	11—12月 氯化钾
中粒种	5~10千克	150~200克	150~200克	80~120克	80~120克	80~120克	80~120克
小粒种	2.5~5千克	50~70克	150~200克	25~40克	40~60克	25~40克	40~60克

表 3-12 咖啡+香蕉地块的香蕉施肥方案（单株每次施用量）

	5—7月，每月施2次 尿素	9—12月，每月施1次 尿素	9—12月，每月施1次 氯化钾	10—11月，施1次 火烧土	10—11月，施1次 钙镁磷肥
施用量	5月10克，6月20克，7月50克	70~80克	150~200克	15~20千克	240~260克

第三章 咖啡低产园改造技术

在咖啡+橡胶间作模式中，咖啡、橡胶均需修剪。橡胶定植后每月抹除砧木芽、多余的接芽和未来割面上的侧芽（图3-85）。抹芽时要连同萌芽基部一起抹除。

在咖啡+香蕉间作模式中，咖啡、香蕉均需修剪。当香蕉雌花开至最后2～3梳时，在晴天的午后，用刀将最后果梳处发育不良的不成形果实割断，并割断花蕾，每穗保留8～9梳果串（图3-86），使养分集中供应果实发育。每隔10～15天用除芽刀全面除芽1次（图3-87），根部未除尽的，将除芽刀插入根部并用力旋转（图3-88），破坏芽尖生长点后挖除。在采果前1个月，选留

图3-84 清除槟榔、椰子老枯叶片

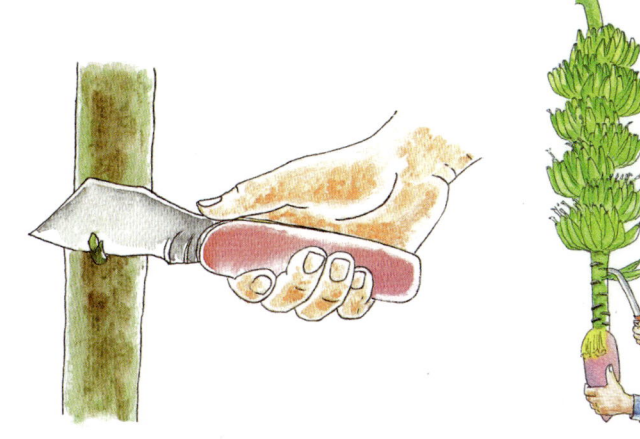

图3-85 橡胶修芽

图3-86 香蕉疏果除花

图3-87 香蕉修芽

图3-88 香蕉除芽

1个健壮无病的二路芽培育新的结果株（图3-89）。

6. 其他间作树种

（1）台湾相思

海南使用较多，属豆科植物，常绿，生长迅速，透光均匀，但根系较大且易感染褐根病。

（2）铁刀木

云南使用较多，属豆科植物，生长迅速，但树冠过于浓密，根系强大，在局部地区冬季落叶。

（3）银桦

常绿，透光均匀，抗风、耐寒、适应性较强，在高海拔湿度较大的环境下，生长迅速，但在干旱环境下生长缓慢。

（4）银合欢

豆科植物，根深，树冠疏，透光良好，耐修剪，叶可作饲料，但结果早而多，养分消耗较大。

其他较常用的树种还有澳洲坚果、杧果、波罗蜜、龙眼、酸角、楹树、刺桐等。使用冠幅较小的荫蔽树，如台湾相思、银合欢、刺桐等，一般每

图3-89　香蕉选留新结果株

隔3～4行咖啡间种1行荫蔽树；使用冠幅较大的树种，如楹树、银桦等，可适当放宽植距。对争肥较重的木本经济作物，挖隔离沟控制争肥。

第五节　咖啡覆盖技术

一、咖啡覆盖需求

咖啡为喜湿的浅根系作物，地表裸露易造成表层根晒伤枯死，特别是在干旱时期，能严重影响植株正常生长，甚至导致死亡。覆盖能阻止水分蒸发，降低土壤温度，为作物根系发育提供良好的生长环境。同时，能增加土壤有机质和养分供应，改善土壤结构，提高土壤肥力，并且能缓和雨水对土壤的冲刷，减少水土流失，以及抑制杂草生长。

1. 调节土壤温度

咖啡根系生长及养分吸收能力与土壤温度密切相关。土壤温度白天26℃、夜间20℃时，最适宜咖啡根系生长，当温度升高到33～38℃时，根系养分吸收能力显著下降。在炎热干旱季节，不覆盖的咖啡园土壤温度高达

30～50℃，而覆盖后温度能明显降低。每年12月至第二年3月，是中粒种果实采收期及开花坐果期，而此期正值海南低温、干旱时期，覆盖在提高咖啡园土壤温度的同时，可改善土壤水分条件，从而增大土壤热容量，使土层热量垂直分布均衡，昼夜温差变小，有利于咖啡正常开花及稔实。

2. 增加土壤湿度

在旱季，水分是影响咖啡光合作用和生长的主要因素。云南小粒种植区有明显的旱季，且旱季长达半年以上，为不影响咖啡花芽发育、开花结果，植区需灌溉以满足植株所需水分，然而云南95%以上的咖啡园建在山地，路、电、管网等基础设施建设成本高，只有极少的咖啡生产企业建有灌溉设施，有时，因干旱损失的产量可达30%以上。研究表明，覆盖后的咖啡园较未覆盖园土壤含水量提高10%以上，且土壤含水量能经常保持在咖啡需水最低限以上，基本上能解决水源不足地区咖啡园的旱季缺水问题，对于有灌溉条件的咖啡园则能减少灌溉次数和用水量。

3. 改善土壤理化性状

咖啡园覆盖后能改善土壤团粒结构，增加土壤有机质及速效养分含量。

二、技术要点

（一）植物废弃物覆盖技术

1. 直接还田覆盖技术

（1）应用效果

部分咖啡园利用秸秆、香蕉叶、椰糠等植物废弃物作为覆盖材料，相比种植覆盖，植物废弃物直接还田覆盖能避免覆盖物与咖啡争夺水分和养分。我国咖啡植区甘蔗叶覆盖能改善土壤结构，增加土壤保水、保温、保肥能力，有利于咖啡根系生长，较未覆盖植株根系生长量明显增加，且根系的水平分布和垂直分布更广，更有利于水分、养分吸收。国外咖啡植区象草覆盖能增加土壤雨水渗透，减少水土流失及土壤水分蒸发，抑制杂草生长，且干热期能保持较低的温度，利用植物废弃物直接覆盖咖啡园具有较高的推广价值。

（2）直接还田覆盖

利用秸秆、椰糠等材料周年覆盖咖啡园，厚度10厘米左右，可采用环状覆盖（图3-90），覆盖圈比咖啡树冠大15~20厘米，也可以采用较省工的带状覆盖（图3-91）。为避免高温灼伤咖啡树干，覆盖物距离咖啡树头5厘米左右。

图3-90 环状还田覆盖

图3-91 带状还田覆盖

2. 菌料覆盖技术

（1）应用效果

咖啡树下种植大球盖菇、姬松茸等草腐型食用菌后，养菇铺设的培养料不但为咖啡园提供覆盖物，并且养菇的过程加速培养料分解，能持续供应优质有机肥，丰富土壤微生物菌群特别是有益微生物菌群结构，改善咖啡根系生长环境。并且，食用菌不与咖啡争地、争阳光、争水争肥，能充分发挥物种间互惠互促作用，由"咖啡（生产者）- 食用菌（既是生产者又是分解者）- 土壤"构成的生态模式推广优势明显。

（2）菌料覆盖

① 培养料准备。培养料以咖啡副产物为主，由咖啡壳：果皮：木屑：牛粪：石灰：复合肥按体积比 40∶40∶15∶3∶1∶1 组成。堆料场用辛硫磷1 500 倍液全面杀虫（图 3-92），培养料调湿后堆成梯形，并从堆顶打洞至堆底，形成贯穿洞防止料堆内部缺氧（图 3-93）。料堆四周用草帘封围，3~4 天当料堆内温度达 55℃后，保持 2 天以上至料内有白色粉末状放线菌出现，翻堆，再建堆、打洞。当料堆内温度达 55℃后，保持 2 天以上至料内有大量粉

图 3-92 堆料场消杀

图 3-93 料堆打洞

状白化物，料呈茶褐色，即为发酵成功。散堆降温，调水至培养料含水量在75%左右。

② 挖浅沟。种植前1周清除咖啡园地表覆盖的杂草和当年落下的咖啡叶及鲜果，在咖啡行间挖1条深10～15厘米的浅沟，宽度以不伤及咖啡根系、不影响咖啡生产管理为准，取出的土堆放在沟侧，后期覆土用。浅沟底表面修整呈中间略高的龟背形，防止床底积水。对咖啡地表及浅沟全面杀菌、杀虫（图3-94）。

③ 铺料起垄。当培养料含水量达75%，料温降至26℃以下时铺料。先铺料厚约15厘米，然后将料床分成两垄，每垄距沟边约5厘米，两垄间及每垄至沟边之间的沟内铺料厚2～3厘米，以利于沟内大量出菇（图3-95）。

图 3-94 浅坑消杀

图 3-95 铺料起垄

④播种。将菌种掰成核桃大小的块状,采用穴播、撒播相结合的方法播种,菌块间距10厘米左右,也可在培养料上再铺一层培养料及菌块,形成双层出菇模式。播种后一次性覆土3厘米,扎洞透气、散热,并对覆土层再进行一次杀菌杀虫处理(特别是防治白蚁)。覆土后在料垄上再覆盖一层稻草或杂草覆盖物,以见不到土壤、培养料为准(图3-96)。

⑤发菌出菇期管理。每天观察培养料温度,超过25℃再扎一批孔洞透气散热,少量多次喷雾降温保湿(图3-97)。经过30~40天,料垄及覆土层充满菌丝体,菌丝束分枝增粗并出现米粒大小的白状物即为幼菇的菇蕾,继续少量多次喷雾,使覆土层、覆草层保持湿润。移动覆草层,让爬生在覆草层上的菌丝倒伏。出菇期适宜温度为10~25℃,同样遵循少量勤喷的喷水原则,

图3-96 播撒菌种

图3-97 喷雾

从幼菇露出白点到成熟需要 5~7 天，在子实体菌膜尚未破裂前及时采收（图 3-98）。

⑥覆盖。生产后的菌料用于咖啡覆盖（图 3-99）。

图 3-98 收菇

图 3-99 菌料覆盖

（二）种植覆盖技术

1. 应用效果

夏季在咖啡园种植黄豆、花生、玉米等短期经济作物或绿肥等，可以有效抑制田间杂草，培肥地力，降低土壤温度，对降低咖啡园管理成本效果明显。秋冬季节，刈割后的绿肥等又可作为植物废弃物覆盖园区，起到保持土壤水分、提高土壤温度、培肥地力的作用。同时，覆盖免耕避免中耕损伤根系，为咖啡速生高产创造条件。

从长远来看，以种植不具备攀缘能力的豆科牧草为宜。国外咖啡植区种植蝴蝶豆和山蚂蝗不仅能起到良好的控草效果，且能提高土壤含碳量，增加土壤有机质，使咖啡叶片氮、钾含量显著提高。中国热带农业科学院香料饮料研究所在咖啡园种植柱花草能提高园区抗旱、降温能力，并形成种植柱花草活覆盖、割草死覆盖的生态种植模式，是咖啡园良好的长期覆盖物。

2. 种植覆盖

（1）播种

柱花草3—9月均可播种，最佳播种期为3月中旬至4月中旬，每亩用种量0.15千克。播种前种子先用80℃热水浸种3分钟，1千克种子经0.1千克根瘤菌剂、0.15千克轻质碳酸钙分别拌种后，阴干。在咖啡行间条垦，深翻0.2~0.3米，把土堆在沟一侧，碎土，并与石灰、有机肥、磷肥分别按每亩添加8~13千克、500~750千克、5~10千克混匀后，填回种植沟（图3-100），种子撒播后浅覆土盖种（图3-101）。

（2）控草

幼龄咖啡园清除离树干30厘米以内的柱花草，成龄咖啡园清除离树干80厘米以内的柱花草，以免影响咖啡生长。在柱花草苗高约0.05米、0.25米和0.5米时，雨后每亩施复合肥3~4千克。发现杂草高过柱花草，清除或割短杂草，防止柱花草荫蔽度过大导致死亡。每年5月、7—8月、10—11月

图3-100　条垦回肥

割草3次，柱花草留头0.2米以上，以免影响再次抽生，或视咖啡生长情况确定割草次数，以不妨碍咖啡生长为宜，割下来的草用于咖啡覆盖（图3-102）。

（3）病虫害防治

炭疽病为柱花草主要病害，发病期4月下旬至6月中旬、9—10月，发病时呈椭圆形、棱形、多角形或圆形褐色斑点，主要侵害叶片、叶柄、花序和茎秆等部位。建议利用无病柱花草留种；热水浸种后，再用0.1%～0.2%的多菌灵浸种10～20分钟，或用50%多菌灵可湿性粉剂拌种，每20千克种子用量0.1千克；在病害发生前用1%波尔多液喷施全株，每隔15～20天喷施

图3-101 播撒草种

图3-102 割草覆盖

1次，发病后用50%多菌灵可湿性粉剂1 000倍液，或0.4%硫磺·多菌灵药液喷施全株，每隔2天喷施1次，连续喷施3～5次。

（三）地膜覆盖技术

1. 应用效果

无覆盖咖啡园覆盖地膜后能提高土壤养分有效性和含水量，园区产量平均提高6.5%，且覆盖方式简单易操作。然而，咖啡是多年生热带作物，为减少雨季土壤冲刷和旱季水分蒸发，需要全年、常年覆盖，尤其是海南等地的高温高湿气候，易造成地膜老化，需每年更换地膜，增加生产成本，且回收难，残留物污染环境。

2. 地膜覆盖

将地膜覆盖在咖啡树头根圈范围内，并在膜上压盖少量土块（图3-103）。

图3-103 地膜覆盖

第六节 咖啡营养诊断指导施肥技术

一、咖啡养分需求规律

（一）主要营养元素对咖啡生长的影响

咖啡生长所需的主要营养元素有氮、磷、钾、钙、镁、硫、铁、锌、硼等（表3-13）。

表 3-13　咖啡主要营养元素生理功能

元素	生理功能
氮	构成蛋白质必不可少的元素，促进茎、叶及果实生长
磷	供给植物生长所需能量，是细胞核蛋白的组成成分，促进细胞增殖以及根系、木质部和花芽生长
钾	提高光合速率，促进水分吸收、物质传递及果实形成
钙	中和叶片内部代谢反应所产生的有机酸，参与植物体内糖分运输。促进花、顶芽及根系生长
镁	构成叶绿素的元素，使酶活化
硫	蛋白质的组成成分
铁	有助于形成叶绿素，使酶活化
锌	使酶活化
硼	有助于蛋白质合成、各成分相互转换及激素生成

（二）施肥对咖啡生长的影响

1. 氮肥

咖啡是对氮肥较为敏感的植物。合理施用氮肥可提高咖啡叶片气孔导度，加快 CO_2 供应速度，提高光合速率。氮肥能增加咖啡枝条果节数及单节花量，提高坐果率，增加果实干物质积累量，特别要重视果实发育中后期的氮供应，更有利于咖啡增产。干旱胁迫时，适量施用氮肥和增施磷肥能缓解干旱对咖啡质膜系统的伤害，进而提高植株抗旱性，同时，也能提高咖啡叶绿素含量，降低气孔导度，升高叶片束缚水含量，缓解干旱对植株生长的抑制作用。

氮肥每年每公顷施用量 50~400 千克。施氮是影响咖啡产量的关键因素，在植株快速生长，且雨季来临前分期施氮效果最佳。咖啡施用的氮肥种类不同，施用效果不同。硫酸铵施用不当易引起土壤酸化，从而影响其他养分吸收；钙硝酸铵同时可以补充足够的钙素，但连续施用可能导致土壤酸化；尿素必须在潮湿的环境下施用，尽量减少氨损失。并且，尿素中缩二脲的浓度必须很低，避免咖啡叶片缩二脲中毒；为一次满足咖啡多种养分需求，可以施用含氮复合肥。尿素等水溶肥也常以叶面喷施的方式满足咖啡对氮素的迫切需求，95%的尿素可以在喷施后 9 小时内被快速吸收。

2. 磷肥

在酸性较强的土壤上，磷固定可能阻止植株吸收足够的磷，一般会少量施用磷肥以满足咖啡成龄树对磷素的需求。磷肥在咖啡苗及幼龄树的施用效果更明显。通常是将过磷酸钙、有机肥、土壤等混匀作为育苗基质，也可叶面喷施可溶性磷肥满足幼苗生长需要。磷肥是对幼苗生长起决定因素的肥料种类。

磷营养常常来自适用于咖啡生产的氮磷钾复合肥，氮磷钾施用比例根据咖啡树龄而定，氮、五氧化二磷、氧化钾在幼龄树的比例为1∶2∶1，在成龄树为2∶1∶2。即使是在重施氮、钾肥时，磷肥每年每公顷的用量折合成五氧化二磷也不会超过100千克。咖啡叶面喷施磷肥，利用率可达38%，喷施效果远远高于根外追施，但过量喷施可能对植株叶片产生毒害。

3. 钾肥

钾是仅次于氮的咖啡必需营养元素。在果实发育过程中，当植株需要的钾比土壤中供应的钾多时，钾素从植株叶片和其他营养器官转移到果实。当叶片中钾含量过低导致缺素时，出现落叶，停止营养生长，甚至死亡。幼龄咖啡所需钾素相对于氮素少，但幼龄期缺钾会导致树势弱，影响后期生长。定期覆盖能维持土壤供钾能力，然而，连续多年不当生产后，土壤养分消耗大，通常首先表现出缺钾症状，此时施用钾肥效果明显，但过量施用会导致植株毒害。

钾素和镁素之间有拮抗作用。土壤中钾含量过高或过量施钾会导致缺镁，另外，缺钾也可能是因为土壤中镁含量过高或过量施镁引起的。同时，土壤中的钙含量过高也会抑制钾的吸收。氯化钾是咖啡常用钾肥，但其中的氯化物浓度过高时，不利于咖啡生长。在施用氯化钾时，叶片中的氯含量在超过2克/千克后迅速上升，在2~3.4克/千克时，氯含量大概维持3个月后下降到最初水平，但当氯含量超过3.4克/千克时，则叶片出现毒害症状，且随着氯含量的增加毒害加重。在碱性土壤中，也可以施用硫酸钾或氮磷钾复合肥。

4. 钙肥

咖啡缺钙较少见，大多数土壤都能提供足够的钙。并且，过磷酸钙等肥料在为咖啡提供其他养分时，补充的钙素足以满足植株生长需要。以石灰调节咖啡园酸化土壤后，或将咖啡种植在纯石灰岩或其他高钙土壤上，咖啡会吸收过量的钙，但不会产生毒害。然而，钙素过量能抑制钾、镁养分吸收，此时需大量施用钾镁肥避免缺素。

5. 镁肥

咖啡较常出现典型的缺镁症状。由于镁在树体内可以转移，症状最初在老叶中表现。缺镁对产量的影响程度取决于缺镁发生的时期。如果症状出现在果实发育后期，果实中镁素充足，不会减产，越早出现缺镁症状，咖啡产量越可能受到影响。在大量施用钾肥或覆盖象草等造成钾含量过高时，会导致植株缺镁。镁过量未见引起镁毒害，但过量施用镁肥可能导致植株缺钾。

根外追施镁肥需要6~12个月甚至3~5年植株缺镁症状才能消失，叶面喷施是补充镁素的有效方式，硫酸镁、硝酸镁和氯化镁等是咖啡较常见的叶面镁肥。在浓度0.5%~0.75%的硫酸镁溶液中，加入0.25%~0.35%的碳酸钙，使用浓度最高为1.2%；或与铜结合喷雾，铜最高浓度为12%；或与尿素溶液结合喷雾，两者最高浓度均为6%，混合喷施效果好。叶面喷施后90%的硝酸镁可以被咖啡吸收，连续喷施2次，缺素症状在3个月左右消失。然而，硝酸镁浓度不宜超过0.75%，以免对植株产生毒害，当硝酸镁浓度达到1.2%时，咖啡叶片呈焦烧状态。

6. 其他化学肥料

（1）钠肥

在过量施用硝酸钠后，咖啡叶片会出现类似缺钾的症状。

（2）硫肥

咖啡有时会缺硫，影响植株生长并降低坐果率。叶片硫含量在1克/千克以下，则叶片失绿。施用过量硫肥后，叶片硫含量增加，叶干重减少，但不会造成树体硫素过量。

（3）锌肥

咖啡缺锌较常见，症状为树体表现出典型的"小型化"，而叶面喷施少量硫酸锌或氧化锌，"小型化"植株会迅速生长出正常大小的节间、叶片及果实，恢复产量。锌适宜少量多次喷施，缺锌时，每公顷叶面喷施5千克的硫酸锌，叶片中锌含量迅速升高，即使喷施过量也未表现出毒害症状，但3个月内锌含量又下降到不足水平，而每年将等量的锌化合物分多次喷施，最好是每两个月喷施 1 次,则效果更好。根外追施锌肥仅少量能被咖啡吸收,施用效果差。过量的锰、铜和钼能抑制锌的吸收。

(4) 铜肥

施用含铜杀菌剂能为咖啡生长提供足够的铜营养,但持续施用也可能造成植株铜含量过高而导致铜毒害,最终表现出植株生长减慢,或由于养分失衡出现缺钙、缺镁症状。叶面喷施硫酸铜等含铜化合物也可以满足咖啡对铜素的需求。然而,硫酸铜用量过高,则造成硫酸铜在植株叶片中沉积。

(5) 铁肥

咖啡缺铁通常发生在磷、锰含量较高的碱性土壤或有机质丰富的土壤上。根外追施硫酸亚铁可以改善咖啡缺铁,一般不选用叶面喷施的方式提高植株铁含量。

(6) 锰肥

缺锰症状很罕见,但有时会发生在碱性土壤上,补充锰肥是改善咖啡锰营养的有效措施。锰毒害发生在酸性较强的土壤上,可以通过施用石灰或采取其他减轻土壤酸化的措施降低锰毒害。

(7) 硼肥

咖啡缺硼较常见,植株因缺硼叶片会发生不可逆的变形,每年每株施用 30~60 克硼砂,或叶面喷施 0.4% 的硼砂可改善缺硼。过量施用硼肥则导致植株叶片出现硼毒害症状。

7. 有机肥

有机肥可以提供大量的养分和有机质,促进咖啡根系生长。然而,大量施用养分不均衡的有机肥,也可能导致咖啡营养不均衡。

(三) 叶片养分变化规律

1. 叶片养分周年变化

咖啡叶片养分含量在一年的各月份间有明显变化,中粒种、小粒种叶片养分含量虽有差异,但年变化规律基本一致(图 3-104、图 3-105)。

(1) 氮含量

一年中氮有两个高峰期,两个品种都出现在 5—7 月和 9—10 月,氮含量的最低点都在 3 月和 8 月。

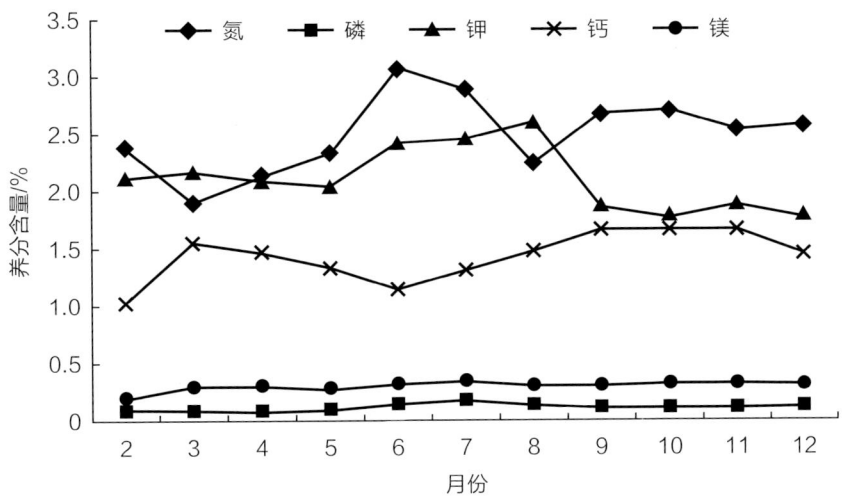

图 3-104　中粒种叶片养分年变化规律

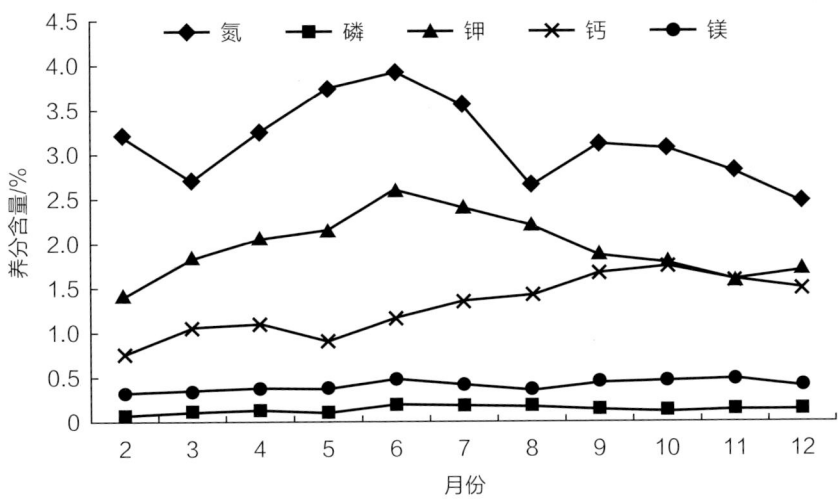

图 3-105　小粒种叶片养分年变化规律

（2）磷含量

磷的高峰期都在 6—8 月，整体来讲两个品种全年叶片磷含量均较低。

（3）钾含量

钾的高峰期中粒种在 6—8 月，小粒种在 5—8 月，最低含量中粒种在 9—12 月，小粒种在 9 月至第二年 2 月。

（4）钙含量

钙的高峰期中粒种和小粒种都在9—11月，最低点中粒种在2月和6月，小粒种在2月和5月。

（5）镁含量

镁和氮相似，也有两个高峰期，第一个高峰期都在6—7月，第二个高峰期中粒种和小粒种分别在10—12月和9—11月。整体来讲两个品种全年叶片镁含量均较低。

2. 不同生育期叶片养分变化

咖啡叶片养分含量变化与生育期关系密切。

（1）开花坐果期

11月开始开花，2—3月为盛花期。此期正值低温、干旱，植株生长缓慢，影响养分吸收及光合产物形成，而植株开花和幼果发育又消耗了大量养分，这段时间叶片养分含量总体呈下降趋势，并均出现全年养分含量最低值。

（2）幼果发育期

5—7月为幼果发育期，养分消耗不大，这段时间气温逐渐回升，植株营养生长旺盛，养分吸收能力增强，叶片氮、磷、钾、镁含量出现全年最高峰。

（3）果实增长期

8—9月果实大小基本稳定，这段时间雨量集中、气温较高，土壤养分有效性高，植株养分吸收量大，而果实干物质积累加快，养分消耗大，叶片氮、钙、镁含量升高，磷、钾含量下降。

（4）果实成熟期

9月以后为果实成熟期，养分消耗减缓。到了11月花期开始，并且进入果实成熟前干物质积累高峰期，这段时间果实干物质积累量占整个成熟期果实干物质积累总量的50%，叶片养分含量总体呈下降趋势，叶片钾含量从8月以后便急剧下降，9—12月为全年低水平。

3. 不同枝条类型叶片养分差异

结果枝和非结果枝叶片养分含量因品种不同而异。中粒种除镁外，氮、磷、钾、钙都存在明显差异，结果枝叶片氮、磷、钾含量明显低于非结果枝，而钙含量明显高于非结果枝；小粒种结果枝和非结果枝的叶片养分含量无明显差异。

二、技术要点

（一）根据树相观察结果

当养分含量不足或不平衡，不能满足咖啡生长需要时，植株表现缺素症状（图3-106）。另外，施肥量过高或施肥不当等，也会对咖啡造成毒害，因此，咖啡生长异常时不能盲目施肥，要"对症下药"。

1. 缺氮症状

老叶首先失绿，有时变成黄色，甚至趋于白色，在树荫下的叶片稍绿。嫩叶规则性褪色，叶片变小，色浅无光泽，边缘呈2~4毫米宽的黄色带状，叶片倾向于沿着主脉弯曲，呈"V"形。后期出现落叶，枝条开始从顶端枯萎至底部。整株叶片变淡绿色，树势弱，严重缺氮时叶片变黄，下部叶片的叶脉白化。在干旱或光照充足时，缺素症状首先在下部叶片上出现。

2. 缺磷症状

缺磷在咖啡树上表现得最慢。早期缺磷的枝条上，叶片呈绿色且下垂，叶尖向主干方向倾斜。老叶先表现症状，大面积褪绿，叶片上有柠檬黄色斑点，并逐渐变为红褐色，但嫩叶保持深绿色，根的生长也受到抑制。严重缺磷时，

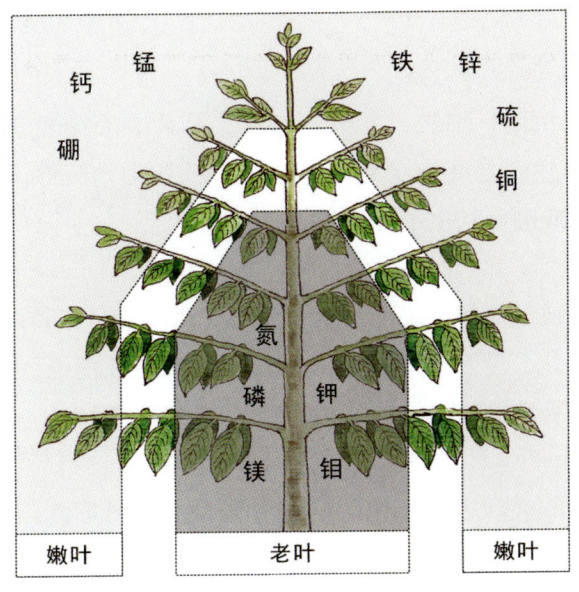

图3-106　叶片缺素症状表现部位

叶片整体黄化，老叶很快脱落。

3. 缺钾症状

老叶开始局部褪绿，叶缘有黄点或黄边，不规则的斑点逐渐布满并连接成深褐色枯斑，叶尖和边缘似被烤焦，受害叶片脱落。嫩叶保持正常绿色。严重缺钾时，枝条上仅留下少量叶片，最终枝条枯萎。

4. 缺钙症状

钙的流动性最差。嫩叶初期叶缘变为青铜色，形状不规则，叶脉仍为绿色，叶片呈凸形下垂。后期叶缘黄化，并形成大面积枯斑，在叶片背面的主脉上形成木栓。顶芽回枯，根系长势差。

5. 缺镁症状

先在老叶叶缘局部褪绿，再出现凹陷浅褐色枯斑，后期在叶脉间呈平行方向褪绿，仅在主脉和次主脉的两侧有3~5毫米宽的带状呈绿色，变成粗糙的鱼骨形，褪绿区域是橙黄色或棕色，严重缺镁时覆盖整个叶片，叶片易脱落。嫩叶不出现缺镁症状。这些症状在果实附近的叶片上更容易发现。

6. 缺锌症状

嫩叶叶脉间黄绿，仅主脉两侧有2~3毫米宽的带状呈绿色，叶面呈网状绿色。叶形细长，像矛头，易折断。叶芽呈玫瑰形。节间变短，过度枯梢后植株死亡。

7. 缺硼症状

嫩叶不规则扭曲，细长，叶缘不对称，叶片表面变粗糙，生长点枯死，顶芽或新叶不抽生。老叶边缘有黄色斑纹，叶片均匀失绿。有缺陷的嫩叶，即使变成老叶后缺硼症状也不会消失。

8. 缺硫症状

症状类似于缺氮症状，失绿和黄化现象比较明显，但首先表现在嫩叶上。嫩叶大小不会变化，叶片黄化但有光泽，主脉和侧脉褪绿，叶片背面较正面颜色浅，边缘有明显的斑点。严重缺硫时老叶出现褪绿。

9. 缺铁症状

缺铁最典型的症状是嫩叶褪绿，变成淡绿色至浅黄色，严重时甚至变成白色，包括最细小的所有叶脉在内，仍保持绿色（在最严重时也会褪绿），形成一个极为细致的网状结构。

10. 缺锰症状

咖啡缺锰表现出两种看起来很不相同的目视症状，在缺锰不严重时，嫩叶叶色转淡，主脉仍保持绿色，其两侧出现扩散的小带（1~2毫米），叶面粗糙，此时叶片锰含量通常为0.001%~0.0025%。当叶片锰含量低于0.001%时，主脉两侧绿色变窄。在荫蔽条件下生长的咖啡，其第一对叶片（从枝条顶端数起）呈现均匀的浅绿色或黄绿色。而无荫蔽条件下则为鲜明的柠檬色，最小叶脉间往往出现微小的白色斑点。

11. 缺铜症状

嫩叶扭曲，叶脉呈"S"形生长，叶片失绿，边缘出现大的坏死斑纹。

12. 缺钼症状

黄色斑点出现在叶缘附近，叶片中间部位坏死，叶片沿主脉向下卷曲成卷状。次顶端的叶子首先受到影响。

13. 氮毒害

氮肥施用过量时，氮肥中的缩二脲等物质使咖啡叶脉间呈现不规则枯黄斑点，叶片卷曲成杯状。

14. 铜毒害

铜肥施用过量导致叶片较小，且有不均匀黄化、落叶现象。

15. 硼毒害

硼肥施用过量，叶片黄化始于叶尖或叶缘，叶片整体黄化后伴有散状坏死斑点。

16. 铝毒害

铝肥施用过量，嫩叶中心生长较快，边缘坏死导致叶片卷曲，叶脉间变黄。老叶边缘黄化，并有小的坏死斑点，从叶尖开始，最后发展到叶片中心位置。

（二）对叶片养分状况的分析结果

1. 叶片取样方法

一年中在4月取样，采集树冠中部结果枝上的第3~4对成熟叶（图3-107）。每个咖啡园采集20~30株，每株采集叶片3~5片，组成一个混合样，及时送检测机构测定养分含量，并将测定结果与养分含量适宜范围进行对照，判断植株养分丰缺状况，指导制订施肥方案。

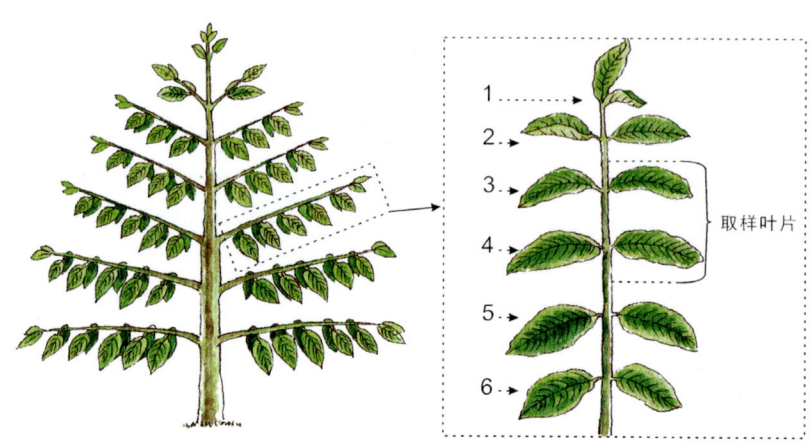

图 3-107　叶片取样部位

2. 叶片养分含量适宜范围

咖啡叶片各养分含量的适宜范围见表 3-14、表 3-15。

表 3-14　咖啡叶片大量、中量元素含量适宜范围

单位：克/千克

咖啡种类	营养元素					
	氮	磷	钾	钙	镁	硫
中粒种	21～27	1～1.6	17～23	13～22	2.6～3.6	1.2～2.6
小粒种	20～35	1～2	15～26	4～15	1～4	1～2.5

表 3-15　咖啡叶片微量元素含量适宜范围

单位：克/千克

咖啡种类	营养元素				
	铁	锰	铜	锌	硼
中粒种	40～700	20～70	13～40	10～30	30～90
小粒种	40～200	25～100	3～20	10～30	25～90

（三）对土壤养分状况的分析结果

1. 土壤取样方法

咖啡园每 100～300 亩取 1 个混合土样，如果土壤类型不一致，按不同土

壤类型增加混合样数量。取样点要避开施肥穴、蚁穴、旧窝棚遗址，清除土层表面枯枝落叶及其他覆盖物，用锄头或取样器挖取表土以下 20 厘米深的连续垂直土样（图 3-108、图 3-109）。采用"S"形随机取样法，确保取样点分布均匀，每个混合样至少由 20 个取样点的土样组成，将取样点的土壤混合均匀，阴干、碎土、除杂后，并用四分法取样数次，留 0.5～1 千克干土样（图 3-110），

图 3-108　锄头取样

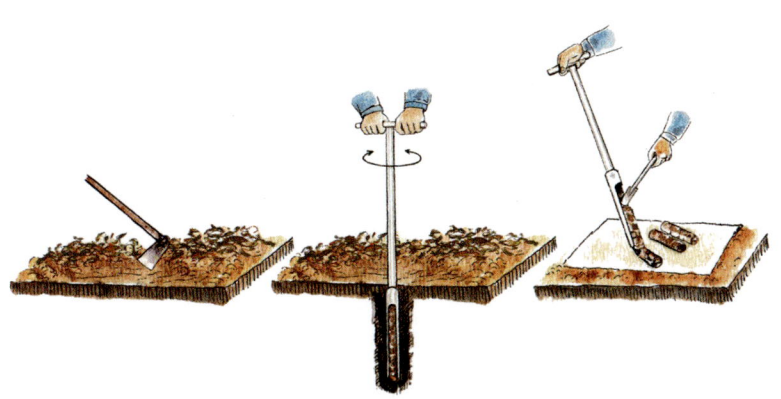

图 3-109　取样器取样

"S"形取样　　　土样混匀　　　四分法取样　　　保留土样

图 3-110　土壤取样方法

及时送检测机构测定养分含量,并将测定结果与养分含量临界值及分级标准进行对照,判断土壤养分丰缺状况,指导制订施肥方案。

2. 土壤养分临界值

土壤各养分含量临界值及分级标准分别见表3-16和表3-17。

表3-16 咖啡土壤养分含量临界值

土壤养分	临界值
全氮/(克/千克)	0.75
全磷/(克/千克)	0.9
全钾/(克/千克)	9
碱解氮/(毫克/千克)	60
有效磷/(毫克/千克)	5
速效钾/(毫克/千克)	50
交换性钙/(毫克/千克)	450
交换性镁/(毫克/千克)	120
有效硫/(毫克/千克)	8
有效硼/(毫克/千克)	0.5
有效铁/(毫克/千克)	4.5
有效锰/(毫克/千克)	5
有效铜/(毫克/千克)	0.2
有效锌/(毫克/千克)	0.5

表3-17 咖啡土壤养分含量分级标准

级别	有机质/(克/千克)	碱解氮/(毫克/千克)	有效磷/(毫克/千克)	速效钾/(毫克/千克)
极丰富	>40	>150	>40	>200
丰富	30~40	120~150	20~40	150~200
中等	20~30	90~120	10~20	100~150
缺乏	10~20	60~90	5~10	50~100
很缺	6~10	30~60	3~5	30~50
极缺	<6	<30	<3	<30

3. 土壤改良

（1）增强土壤供肥能力

① 有机肥准备。咖啡适宜的有机肥种类包括人畜粪尿、秸秆、饼肥、绿肥等农家肥及商品有机肥。牛粪、秸秆等可堆制腐熟后干施；人畜粪尿、饼肥等可沤制成水肥施用。

堆肥制备：堆肥场地选在背风、向阳、地势高且平坦的地方，在堆肥地面铺农膜或选水泥地面，将农家肥中的畜粪结块打碎，秸秆切碎在5厘米以下，并混入约3%的钙镁磷肥和粪土翻匀后进行堆积。堆肥材料按每15~30厘米一层进行多层堆放，每层间撒施石灰，石灰用量为材料量的2%~3%，洒水，控制堆肥材料含水量在60%~70%，即洒水至堆肥材料手握成团、触之即散的状态为最佳。堆高1.5米左右，堆好后用泥封堆，控制高温阶段在50~60℃。发现堆体下陷后3~5天，翻堆降温，然后重新洒水拌匀堆放，按照上述操作60天左右堆肥可腐熟。肥堆降温后堆紧压实，加土覆盖，控制温度在30℃左右。

水肥制备：水肥可以由人畜粪尿、饼肥和水一起沤制。配比为1 000千克的水中加入人畜粪尿150千克，饼肥2千克。沤制期间搅拌几次，1个月后可施用。

② 有机肥施用。包括扩穴增施和挖浅沟增施。

扩穴增施有机肥：定植一年后，分两次在雨季来临前扩穴增施有机肥。咖啡根系水平分布范围大致等于冠幅（图3-111）。第一次扩穴在咖啡树冠滴水线外缘（太阳直射咖啡的投影外缘）（图3-112），行间或株间挖长50厘米、宽20厘米、深30厘米的两个对称穴，将穴中挖出的表土、底土分开放置，暴晒半个月，表土回穴，再将15~20千克腐熟有机肥、250~500克钙镁磷肥与底土充分混匀回穴。第二年第二次扩穴，位置是上次未扩穴的两边（图3-113）。密植的，分两年完成扩穴施肥，第一年在咖啡株间挖对称穴，第二年植株封行或接近封行后，仅在行间挖一个稍大的穴（图3-114）。

挖浅沟增施水肥：每年分3次挖浅沟增施水肥，连续增施2年。将水肥稀释5倍后，幼龄树每株每次增施水肥1~2千克，成龄树3~4千克，沿树冠外围挖宽20厘米、深5厘米的半圆形浅沟淋施，施后盖土。

咖啡低产园改造技术彩色图解

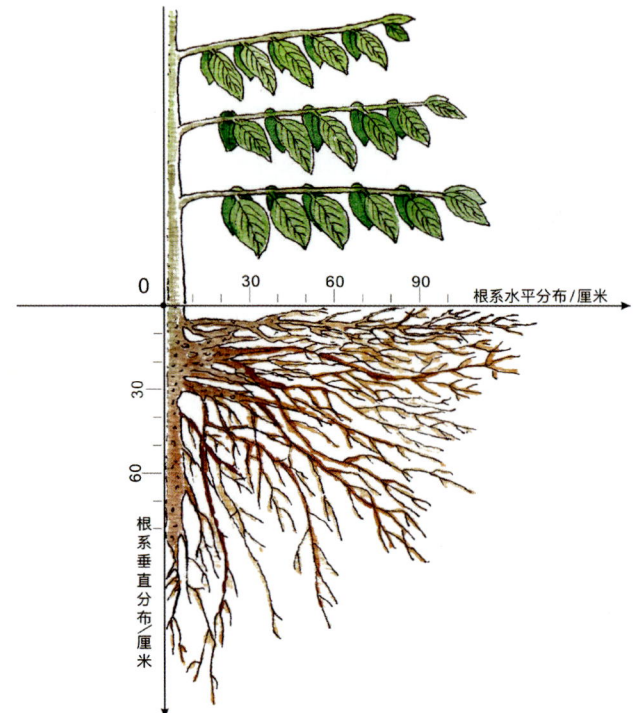

图 3-111　咖啡根系水平分布范围

图 3-112　扩穴施肥位置

第三章 咖啡低产园改造技术

图 3-113 常规扩穴

图 3-114 密植扩穴

（2）调节土壤酸碱度

① 化肥选择。化肥分为酸性化肥和碱性化肥，适宜咖啡生长的土壤 pH 值在 5.5～6.5，施用化肥时，应根据土壤酸碱度（pH 值）选择化肥种类（表 3-18）。

表 3-18 不同土壤 pH 值选用的化肥种类

化肥种类	土壤 pH 值		
	<5.5	5.5~6.5	>6.5
氮肥	尿素、碳铵	尿素	尿素、硫酸铵
磷肥	钙镁磷肥	钙镁磷肥、过磷酸钙	过磷酸钙、重过磷酸钙
钾肥	氯化钾	氯化钾、硫酸钾	氯化钾、硫酸钾
钙肥	石灰、钙镁磷肥	石灰、钙镁磷肥、过磷酸钙	过磷酸钙、重过磷酸钙

② 有机肥选择。施用草木灰、生石灰等是调节酸性土壤和增加土壤养分最有效、最经济、最可行的方法。

施用草木灰：对于准备定植咖啡的种植园，结合开挖定植穴施用草木灰。植穴面宽 × 深度 × 底宽为 60 厘米 × 50 厘米 × 40 厘米，将穴中挖出的表土、底土分开放置，暴晒半个月，表土回穴，再将 0.3~0.5 千克草木灰、250~500 克钙镁磷肥与底土充分混匀回穴，做成比地面稍高的土堆准备定植。

或在定植后以草木灰代替常用有机肥，在 3—5 月或 10—12 月施用草木灰，幼龄咖啡用量 0.3~0.5 千克，沿树冠滴水线外缘，挖 10 厘米半环状浅沟撒施，盖土。成龄咖啡沿树冠滴水线外缘，挖长 50 厘米、宽 20 厘米、深 30 厘米的施肥穴，将穴中挖出的表土、底土分开放置，表土回穴，再将 0.5~1 千克草木灰、100~150 克钙镁磷肥与底土充分混匀回穴，多余的土回在树头。隔年可再施 1 次，也可代替常用有机肥常年施用，每次轮换施用位置（图 3-115）。

施用生石灰：生石灰施用时间为雨季开始前或雨季结束后，沿树冠滴水线外缘，条状撒施生石灰并翻入土壤。生石灰每亩用量 60~80 千克，撒施 1 个月后才能施用其他化肥。一般每隔 2~3 年重复施用生石灰 1 次。

（四）根据品种及树龄

1. 施肥原则

① 咖啡幼龄树需氮肥较多，此时根系快速生长，也需要磷肥，因此，幼

第三章 咖啡低产园改造技术

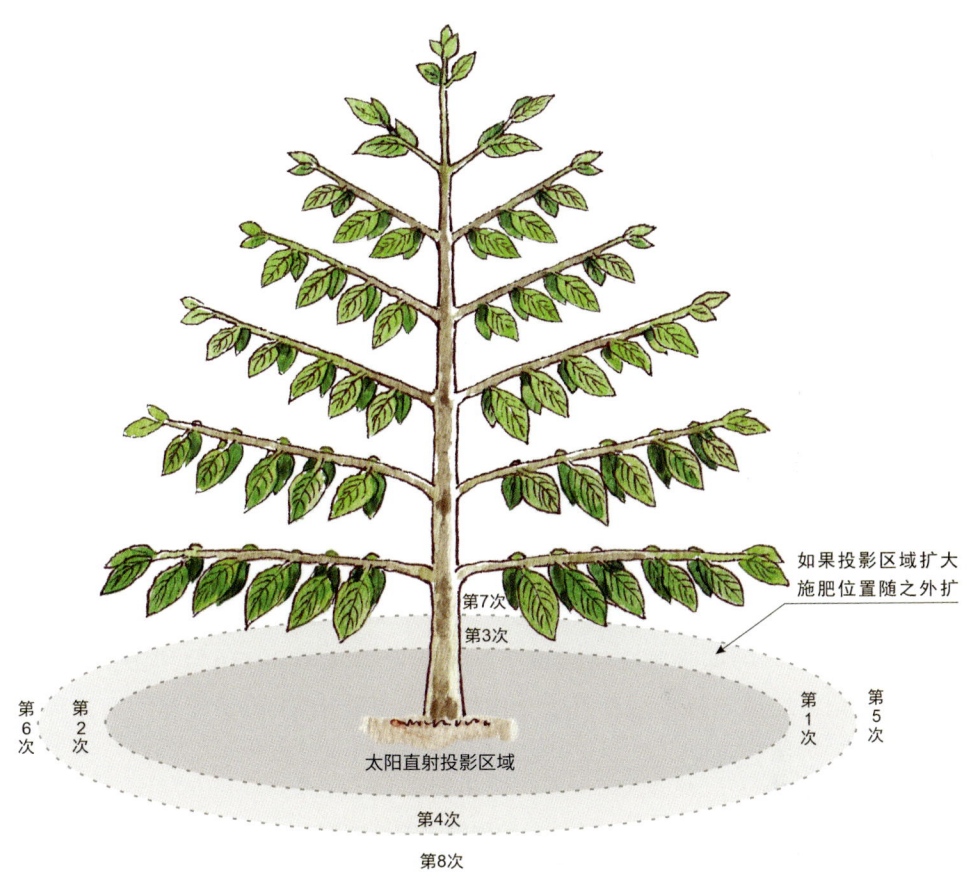

图 3-115 轮换施肥位置

龄期以施用氮磷肥为主。进入结果期后,以施用氮钾肥并配合少量磷肥,满足果实发育需要。

② 每年或隔年要施用一定量的有机肥,以增加土壤有机质。有机肥在旱季末或雨季初施用效果较好。

③ 由于咖啡根系较浅,大部分吸收根分布于30厘米以上土层,因此,旱季最好施用低浓度的水肥。

④ 应根据当年结果量确定施肥量,结果多的,相应增加施肥量,促进新枝抽生,保证第二年结果量,避免产量出现大小年。

⑤ 叶面施肥是土壤施肥的补充。叶片比根系吸收养分快,养分利用效果也较好,一般在咖啡树旺盛生长、大量结果、短期干旱或出现明显的缺素症

状时，采用叶面施肥效果好。叶面肥与杀菌（虫）剂在相互不影响的情况下，可混合施用。

2. 施肥方案

（1）中粒种咖啡

① 幼龄树。应掌握勤施薄施的原则。定植后每月施 1 次稀释 5 倍的沤制水肥，水肥中可加入占其质量 1% 的尿素或复合肥（15-15-15），每株每次施用水肥 2～3 千克。沿树冠外围挖半圆形浅沟淋施，施后盖土（表 3-19）。

② 成龄树。每年 3—5 月每株混施牛粪、鸡粪等腐熟有机肥 5～10 千克、尿素 150～200 克和钙镁磷肥 100～150 克，在行间或株间挖穴施入，施后盖土。6—8 月、9—11 月每株施尿素和氯化钾各 80～120 克，在行间或株间挖浅沟撒施，施后盖土。12 月至第二年 2 月叶面喷施 0.5% 尿素水溶液、0.2%～0.3% 磷酸二氢钾水溶液各 1 次，每次每株喷施 200～300 克（表 3-19）。穴施或沟施后盖土略高出地面，防止肥沟土壤下陷积水，在采果前 20 天停止施肥。叶面喷施在清晨或午后施于叶背（图 3-116），喷施后 3～4 小时内下雨，需适当降低浓度补喷 1 次，在采果前 30 天停止喷施。有条件的可采用水肥一体化施肥。

表 3-19 中粒种咖啡施肥方案

项目		方案				
幼龄树	肥料种类	稀释 5 倍的沤制水肥，水肥中可加入占其质量 1% 的尿素或复合肥（15-15-15）				
	单株施用量	单株施用量：每月 1 次，每次 2～3 千克				
	施肥方式	沟施				
成龄树	月份	3—5 月	6—8 月	9—11 月	12 月至第二年 2 月	
	肥料种类	有机肥　尿素　钙镁磷肥	尿素　氯化钾	尿素　氯化钾	0.5% 尿素水溶液	0.2%～0.3% 磷酸二氢钾水溶液
	单株施用量	5～10 千克　150～200 克　100～150 克	80～120 克　80～120 克	80～120 克　80～120 克	200～300 克	200～300 克
	施肥方式	穴施	沟施	沟施	喷施	

第三章 咖啡低产园改造技术

图 3-116 叶面喷施

（2）小粒种咖啡

成龄树每年 4—5 月每株混施牛粪、鸡粪等腐熟有机肥 2.5～5 千克、尿素 50～70 克和钙镁磷肥 100～150 克，在行间或株间挖穴施入，施后盖土。7—8 月、9—10 月每株各施尿素 25～40 克、氯化钾 40～60 克，在行间或株间挖浅沟撒施，施后盖土。在农家肥不足或不便运输时，可以改用商品有机肥，每株用量 300～360 克。幼龄树施肥时期、每次施肥的肥料种类同成龄树，但每次按成龄树施肥量的减半施用（表 3-20）。应在雨季土壤湿润时施肥，增加肥料有效性。

表 3-20 小粒种咖啡施肥方案

项目	方案						
	4—5 月			7—8 月		9—10 月	
肥料种类	有机肥	尿素	钙镁磷肥	尿素	氯化钾	尿素	氯化钾
成龄树单株施用量	2.5～5 千克	50～70 克	100～150 克	25～40 克	40～60 克	25～40 克	40～60 克
幼龄树单株施用量	1.3～2.5 千克	25～35 克	50～75 克	13～20 克	20～30 克	13～20 克	20～30 克
施肥方式	穴施			沟施		沟施	

第七节 咖啡病虫害防治技术

一、咖啡病虫害防治的重要性

为害中粒种的病害主要有炭疽病、细菌性叶斑病、枯枝病、立枯病和煤烟病，虫害主要有黑小蠹、绿蚧和根粉蚧；为害小粒种的病害主要有锈病、炭疽病、褐斑病和枯枝病，虫害主要有灭字脊虎天牛、旋皮天牛和根粉蚧。咖啡锈病是一种真菌性病害，其发生流行与植区海拔、温度及降水量等密切相关，对咖啡为害极大，会严重影响咖啡叶片生长，被害植株轻者减产，重者死亡。咖啡黑小蠹以雌成虫蛀害咖啡枝条及嫩干，大约15天后受害枝条上的叶片枯萎，且传播性强，最终导致大面积的受害枝条整枝干枯或被果实压折，严重影响产量。因此，掌握这些咖啡主要病虫田间为害症状，抓住最佳防治时期，使病虫为害在发生初期得到控制，对防止病虫害大面积流行、避免造成经济损失意义重大。

二、咖啡主要病害及防治

（一）咖啡锈病

1. 为害症状

该病主要侵染叶片，大流行时也侵染幼果和嫩枝。叶片感病后，最初出现许多奶白色转浅黄色小斑，并呈水渍状扩大，其周围有浅绿色晕圈，叶背随即有橙黄色粉状孢子堆。随后孢子堆以同心圆方式逐渐扩大，使多个病斑相连形成不规则的大病斑，遇到不良气候或受害部位营养耗竭，孢子堆消失并形成褐色枯斑（图3-117）。病害严重发生时，病叶大量脱落，枝条干枯，产生大量干果、僵果，严重影响咖啡产量及品质，

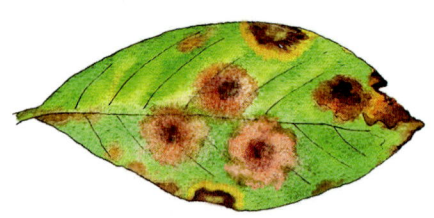

图3-117 咖啡锈病

甚至整株枯死。

2. 发生规律

病菌以菌丝在咖啡病变组织内度过不良环境，残留的病叶是主要侵染来源，主要通过气流、风、雨、人畜和昆虫以夏孢子侵染传播。叶面凝霜越重，停滞时间越长，发病越重。大风、大雨天气不利于发病。幼树虽有发病，但不易流行；树龄6年以上，结果过多，树体营养耗竭而出现早衰，或因失管生长势衰弱的植株上该病常常流行较广。因此，适中的温度，适量而均匀的降雨，较多的侵染源，易感病的、生长势衰弱的寄主，是该病流行的基本条件。海南该病发生在每年9—11月至第二年4—5月。在云南6月开始发生，7月至第二年2月为流行盛期。

3. 防治措施

（1）农业防治

培育、种植咖啡抗锈品种；加强田间管理，合理密植、施肥及灌溉，适当修剪和荫蔽，创造适合咖啡生长的小气候环境和土壤条件，控制结果量，防止咖啡早衰，提高植株抗病能力。

（2）化学防治

采用1%~5%的波尔多液，或用0.1%硫酸铜溶液喷施防效较好，第一次应在雨季前，以后每隔2~3周喷施1次，连续喷施2~3次。在病害流行期，喷施0.5%~1%波尔多液，或每公顷用20%三唑酮乳油525~975克或20%三唑酮乳油2 250~4 500克，兑水450千克喷施，1个月喷施1次，连续喷施2~3次。产量过高的园区，防治过程中连续喷施4~6次。对咖啡锈病防治效果较好的三唑酮乳油是内吸性杀菌剂，应与波尔多液等铜制剂轮流使用，以免产生抗药菌系；三唑酮黏着性差，常被雨水冲洗，雨季时将适量的20%三唑酮乳油、氯化钾、尿素混入波尔多液后喷施，不仅防治锈病，而且能提高植株抗病能力。

（二）咖啡炭疽病

1. 为害症状

该病是一种为害叶片、枝条和果实，发生较普遍的病害。叶片感病产生淡褐色至黑褐色、直径约3毫米的病斑，病斑中央白色，边缘黄色，后期灰色,其上有许多黑色小点(病原菌的分生孢子)排列成同心轮纹。枝条感病后产生褐色凹陷病斑,随后枝条枯死。果实感病后表面呈近圆形水渍状小斑点,随后变成暗褐色至灰黑色凹陷大病斑,果肉变硬并紧贴在豆粒上,脱皮难(图3-118)。发病严重时,出现大量落叶、枯枝、落果,甚至整株死亡。

图3-118 咖啡炭疽病

2.发生规律

该病几乎在所有咖啡植区都有发生,周年发生为害,且发生发展与气候因子密切相关。病原菌侵染的最适条件是气温20℃左右,湿度90%以上并持续7小时以上。1—2月中旬病情较轻,随着冬季低温,病害呈上升趋势,3月中旬叶片发病出现高峰,之后随着高温干旱天气出现,病情逐渐减轻,6月上旬叶片发病降到全年最低点,下半年雨水多,相对湿度大,病情逐渐严重,特别是9—11月台风雨频繁,致使叶片、果实病情加重,发病率升至全年最高点,以后病情变化幅度不大。

该病的发生与荫蔽度也有一定关系。咖啡园种植荫蔽树的,因咖啡长势好,冠幅大,枝叶茂盛,阳光灼伤少,树上早晚露水少,不利于发病。

3.防治措施

(1)农业防治

种植抗性较强的品种;加强田间管理,合理施肥,适当修剪和荫蔽,创造适合咖啡生长的小气候环境和土壤条件,控制结果量,提高植株抗病能力。

(2)化学防治

在发病初期,选用0.4%氧化亚铜,或0.5%氧氯化铜药液喷施,病害流行期,选用0.5%~1%波尔多液,或10%多抗霉素可湿性粉剂1 000倍液,或50%多菌灵可湿性粉剂500倍液喷施。每隔7~10天喷施1次，连续喷施2~3次。

（三）咖啡褐斑病

1. 为害症状

主要为害叶片和果实。叶面叶背均可染病，在叶片上产生近圆形、边缘褐色、中央灰白色的病斑，在幼苗叶片上为红褐色病斑。随着病斑扩大，出现

图 3-119　咖啡褐斑病

同心轮纹。潮湿情况下，病斑背面长出黑色霉状物，有时数个病斑连在一起，但仍能看到原来病斑的白色中心点（图 3-119）。严重感病时病叶脱落，在果实上产生近圆形病斑，并逐渐覆盖全果，引起病果脱落。

2. 发生规律

咖啡各品种均可感病。病菌常以菌丝在病变组织内越冬，有些地方无越冬现象，整年均以分生孢子借风雨传播。侵染最适宜温度为25℃左右，在叶片上孢子通过气孔侵入，在果实上通过伤口侵入。土壤贫瘠、缺少荫蔽、生势较差的幼苗幼树发病严重，该病是幼苗幼树的主要病害之一。苗圃幼苗通常在4—11月发病，以阴雨天盛行。咖啡园相对湿度95%以上，最有利于该病发生。

3. 防治措施

（1）农业防治

种植抗性较强的品种；加强田间管理，合理施肥，适当修剪和荫蔽，创造适合咖啡生长的小气候环境和土壤条件，控制结果量，提高植株抗病能力。

（2）化学防治

发现病株时，选用0.5%~1%波尔多液，或50%多菌灵可湿性粉剂500倍液喷施，每隔2~3周喷施1次，连续喷施2~3次。

（四）咖啡细菌性叶斑病

1. 为害症状

主要为害叶片，多在叶片边缘或叶脉两侧发生。发病初期，叶片出现细小、

暗绿色水渍状小斑点，随后扩大成不规则形状的大小约1厘米的病斑，有时病斑扩展受主脉限制呈椭圆形，病斑中央深褐色，其余为浅褐色或深浅褐色相间，病斑边缘略呈波纹状，并带模糊的水渍状痕，向外围有明显的黄色晕圈。浆果受害后也产生相似的病斑，而嫩枝受害后产生椭圆形病斑，栓皮粗糙。在潮湿条件下，病斑上常出现细菌溢脓，呈浅褐色，干燥后形成一层明胶状薄膜。严重时病叶脱落，枝条干枯，幼果坏死。

2. 发生规律

雨水是该病发生的基本条件，特别是台风雨或暴雨，不但有利病原细菌的蔓延、传播，而且给叶片造成大量伤口，有利于病菌侵染为害。该病主要发生在生长繁茂的幼龄中粒种上，随树龄增加，病害逐渐减轻，甚至消失。

3. 防治措施

（1）农业防治

降低荫蔽度，清除枯枝落叶和坏死幼果，并集中处理。

（2）化学防治

发病初期，喷施1%波尔多液，或77%氢氧化铜可湿性粉剂500~800倍液，每隔2周喷施1次，连续喷施2~3次。特别是台风、雨后更要及时喷药。

（五）咖啡枝枯病

1. 为害症状

发生在中层结果枝上，在果实膨大期或充实期，先是结果枝的叶片变黄，迅速脱落，随后果实表面出现似灼焦状的褐斑，并逐渐干枯，最后整条果枝干枯，果实变黑。该病能使植株的中层结果枝（骨干枝）大量死亡，造成树形损伤，严重时仅在植株顶部的新梢上残留少量带褐斑的叶片，甚至造成死株。

2. 发生规律

该病为咖啡的生理性病害。大量结果而水肥不足、无荫蔽栽培、园地裸露无覆盖、气温较高、雨季旱季明显、病虫害防治效果差等均能造成枯枝。任由植株自然生长，不整形不修剪，则枯枝现象更加严重。

3. 防治措施

加强水肥管理，特别是在咖啡盛果期增施钾肥。创造适宜的荫蔽环境，在无荫蔽的咖啡园采用多干轮换产果，控制结果量，平衡植株的营养生长与生殖生长。做好园地覆盖，保护根系。注意防治咖啡锈病和炭疽病，减少枝枯病发生。该病严重的，需通过整形修剪重新培养新主干，恢复正常树形。植株中下部枯枝的可以用弯干法或截干法重新培养新主干；中上部枯枝的，在枯枝部位稍靠下截干，促使新直生枝抽出，并保留截口附近1~2条直生枝作为新主干。

（六）咖啡幼苗立枯病

1. 为害症状

该病是咖啡幼苗期的重要病害，主要为害幼苗与土壤交接的根颈部。发病初期病菌的菌丝直接侵入幼苗根部，破坏根部细胞组织，受害部位出现水渍状病斑，以后病斑逐渐扩大，造成茎干环状缢缩、干枯，顶端叶片凋萎，整株枯死。潮湿环境下，受害部位长出乳白色菌丝体，形成网状菌索，后期长出菜籽大小的菌核，颜色由灰白色到褐色（图3-120）。

2. 发生规律

黑褐色的菌核残留在土壤的表面，在土壤中可以存活2~3年。湿度较大时,菌核萌发出菌丝，然后通过雨水、灌溉水、土壤中水的流动传播蔓延。在高温高湿、地势低洼、排水不良、淋水过多、过分荫蔽、连作或存在其他枯死植物残体条件下，都利于该病发生。

图3-120　咖啡立枯病

3. 防治措施

（1）农业防治

苗圃地不宜连作，整平地块，做好排灌，避免积水；播种不宜过密，淋水不宜过多，及时清除枯枝落叶，拔除病株。

（2）化学防治

选用45%代森铵水剂300~400倍液，或12%萎锈灵可湿性粉剂500~600倍液喷施，对播种前沙床及装盆前营养土消毒；对病株周围健康植株的树冠及根茎喷施0.5%~1%波尔多液，每隔2周喷施1次，连续喷施2~3次。

（七）咖啡煤烟病

1. 为害症状

叶片、枝条、果实均可感病。叶片感病后叶面被煤烟状霉层覆盖而变黑，后期在叶面上散生黑色小点，容易被水冲去。被害枝条、果实也变黑，受害轻的果实表面出现黑色霉点，严重的全果变黑（图3-121）。普遍发生时，植株光合作用受阻，导致产量和果实品质降低。

图3-121 咖啡煤烟病

2. 发生规律

煤烟病病原为煤炱属寄生真菌，多数时候在煤烟状霉层中还混着介壳虫、蚜虫等有刺吸式口器害虫排泄的黏质物（俗称"蜜露"）。这类害虫除为煤炱菌提供营养外，也是病菌的携带者和传播者。该病全年可发生，流行程度与同翅目昆虫的活动和虫口密度密切相关，除借介壳虫、蚜虫的分泌物繁殖外，也通过蚂蚁传播。荫蔽和潮湿的环境有利于该病的发生与流行。

3. 防治措施

（1）农业防治

修枝整形，保持树体通风透光。

（2）化学防治

选用25%吡虫啉可湿性粉剂3 000倍液，或0.3%苦参碱水剂200～300

倍液，或2.5%溴氰菊酯乳油1 000～3 000倍液，每隔2周喷施1次，连续喷施2～3次，可防治介壳虫、蚜虫和蚂蚁等引发本病的害虫。

三、咖啡主要虫害及防治

（一）咖啡灭字脊虎天牛

1. 形态特征

（1）成虫

体长10～17毫米，宽3～5毫米。体黑色，密生黄色或灰绿色短毛。触角长7.5毫米，黑色。前胸近球形，背板上半部由黑纹排列成"灭"字形，下半部间隔有一条横向黑纹。雄成虫头部额区有两道明显的隆起线，后腿节不超过鞘翅末端（图3-122）。

（2）卵

长1.5毫米，宽0.5毫米，乳白色，椭圆形，一端略细。

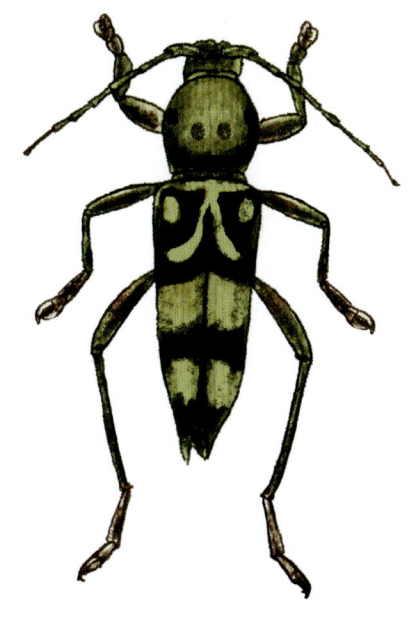

图3-122 咖啡灭字脊虎天牛

（3）幼虫

老熟幼虫体长18～20毫米，略呈扁圆形，全体淡黄色。头部较小，前胸背面硬皮板长方形，全身生微细毛。

（4）蛹

体长10～20毫米，宽4～5毫米，黄褐色，长椭圆形。头细小，贴于腹面，触角紧贴头部两侧，前足和中足贴于中胸腹面，后足屈贴于腹部两侧，跗节屈贴于腹板中央。腹部背面可见7节；各节着生短褐色刺毛，腹面可见6节，末节细小。

2. 发生及为害

以幼虫钻蛀咖啡枝干为害，幼虫钻蛀树干木质部后，阻碍养分、水分运输，造成顶芽、顶叶萎蔫，树势衰弱。被害的咖啡树干受推拉或风吹后易从被害处折断，若是向下蛀入根部，常导致整株枯死。为害率一般为2%～5%，重者达10%~25%。防治不适时，可重复为害，随种群数量逐年递增，严重的可使整个咖啡园毁灭。

该虫在云南1年发生3代。世代重叠。通常在2—11月底都能见到成虫出现。第一代成虫占全年总量的10%，第二代成虫占75%，第三代成虫占15%。1年中的3个成虫发生高峰期分别为：3月中下旬至4月中下旬、5月中下旬至7月上中旬、9月中下旬至10月中下旬。成虫出孔后喜在阳坡咖啡树干上活动，交配后的雌虫在树干粗皮裂缝离地面10~30厘米处产卵、孵化，以幼虫钻蛀咖啡枝干，特别是成龄咖啡枝干为害。老熟幼虫渐向树干边缘取食为害，最终在树皮下的孔口处羽化为成虫。

3.防治措施

（1）农业防治

采果后检查3年生以上成龄咖啡树，人工捕杀害虫，全园修剪虫害枝干，并清出园外处理；清除咖啡园周边杧果树、波罗蜜、柚木、厚皮树及茜草科的山石榴和密花水锦树等野生寄主植物，减少虫源。

（2）化学防治

将水∶胶泥∶石灰粉∶杀螟丹可湿性粉剂∶食盐∶硫黄粉以200∶150∶120∶0.5∶0.5∶0.5配比，混合搅拌成浆糊状，在4月中旬前、9月，分两次均匀涂抹距地面50~80厘米的咖啡树干；或在5月中下旬至7月上中旬，采用4.5%高效氯氰菊酯乳油1 200~1 500倍液，喷施距地面50~80厘米树干，每隔2~3周喷施1次，连续喷施2~3次，防止灭字脊虎天牛产卵为害，灭杀尚未进入木质部的幼虫。

（二）咖啡旋皮天牛

1.形态特征

（1）成虫

体长15~27毫米，宽5~8毫米。全身密被带丝光的纯棕栗或深咖啡色绒毛，无其他颜色的斑纹。触角超过身体，基部向端部渐细。前胸近方形，背板平坦光滑。鞘翅面高低不平，翅肩部向翅端部渐窄，末端略呈斜切状（图3-123）。

（2）卵

长3.5~4毫米，梭形，两端尖，略弯曲。

第三章　咖啡低产园改造技术

图 3-123　咖啡旋皮天牛

（3）幼虫

老熟幼虫 25～30 毫米，乳黄色，圆筒形。头及前胸硬皮板颜色较深，呈黄褐色至黑褐色，身体其余部分为蜡黄色。

（4）蛹

长约 28 毫米，乳白色，触角向后延伸至中胸腹面，蜷曲作发条状。

2. 发生及为害

以幼虫主要为害定植后 2～3 年生，树干直径多在 1～3.5 厘米的幼龄咖啡。为害部位以树干基部为主，幼虫蛀入树干表皮后，在表皮下沿树干向下取食，在木质部与表皮之间形成一条由上而下的扁平螺旋状纹，阻隔植株水分、养分运输。被害植株初期或为害状不显露时不易被发现，后期被害植株表现为叶片黄化、脱落，枝条枯萎，重者整株枯死。

该虫在云南 1 年发生 1 代，以幼虫在寄主内越冬，并于第二年 3 月下旬开始化蛹，羽化后成虫于 4 月上旬取食、交尾和产卵。5 月中下旬至 6 月中下旬是产卵高峰期。产卵部位距地面 100 厘米以内，尤其 10～20 厘米处最多，产卵时先把树皮咬成 1～2 毫米宽的裂缝，在裂缝中产卵，树的向阳面产卵多于遮阴面。

3. 防治措施

（1）农业防治

种植荫蔽树或通过修剪等方式形成不利于害虫向阳面产卵的荫蔽条件；查找树皮裂口，刮除卵痕并带出园外销毁；清除咖啡园周边喜树、菩提树、柚木、波罗蜜、厚皮树等旋皮天牛的野生寄主植物，减少虫源。

（2）化学防治

4月上旬，用1份药液（50%杀螟丹可湿性粉剂500～700倍液）、25份鲜牛粪、10份黏土和15份水调成糊状，涂抹树干基部，防止成虫产卵；将棉球蘸满药液，塞入离虫体最近的新排粪孔，深度10～20毫米，并堵住树干上的旧排粪孔，熏死幼虫；5—7月选用50%杀螟丹可湿性粉剂500～700倍液，或4.5%高效氯氰菊酯乳油1 200～1 500倍液，逐株喷施距地面30厘米以内的树干，特别是2～3年生幼龄树干，每隔1～2周喷施1次，连续喷施2～3次。

（三）咖啡黑小蠹

1.形态特征

（1）成虫

雌成虫体长1.5～1.8毫米，宽0.7～0.8毫米，体粗壮，长椭圆形，刚羽化时为棕色，后渐变为黑色，微具光泽（图3-124）。雄成虫体小，体长1～1.2毫米，宽0.45～0.65毫米，红棕色，椭圆形，略扁平。

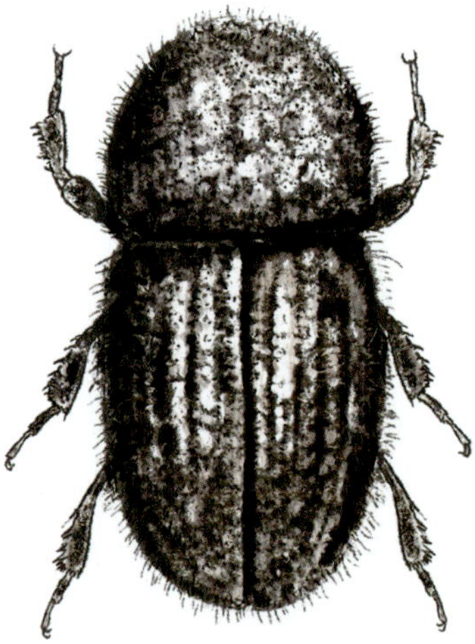

（2）卵

长0.5毫米，宽0.3毫米，初产时白色透明，后渐变成米黄色，椭圆形。

（3）幼虫

老熟幼虫体长1.3毫米，宽0.5毫米，全身乳白色。

图3-124 咖啡黑小蠹

（4）蛹

白色，裸蛹。雌蛹体长2毫米，宽0.87毫米，雄蛹体长1.25毫米，宽0.62毫米。

2.发生及为害

主要为害中粒种，以雌成虫蛀害咖啡枝条及嫩干，受害枝条大约在15天后叶片干枯，导致整枝干枯或被果实压折，严重影响当年产量。

该虫在海南1年发生6～7代。田间种群数量通常在3月上旬开始剧增，

3月中下旬为高峰期，7—10月田间虫口极少，11月以后逐渐有虫口及虫枯枝出现。世代重叠，终年可见到各虫态。

3. 防治措施

（1）农业防治

每年12月至第二年1—2月彻底清除受害枝条，减少虫源基数。虫害发生期，田间枯枝随时出现随时清理；及时清除咖啡园周边可可、杧果、油梨（鳄梨）等咖啡黑小蠹的野生寄主植物，减少虫源。

（2）化学防治

在成虫飞出洞外活动高峰期，用2.5%溴氰菊酯乳油1 000倍液喷施，每隔2周喷施1次，连续喷施2～3次，杀死洞外活动的成虫，降低健康枝条受害率；从植株枝干侵入孔注入1.8%阿维菌素乳油500倍液，或2.5%高效氯氟氰菊酯乳油500倍液，并用黏土封堵侵入孔，每隔7天注药1次，连续注药2次。

（四）咖啡绿蚧

1. 形态特征

（1）雌成虫

体长2.5～3.25毫米，宽1.5～2毫米，体平，卵形，浅黄绿色，体软（图3-125）。

（2）卵

圆形，边缘扁平，中间稍微突出。

图3-125　咖啡绿蚧

（3）若虫

初孵若虫体扁平，椭圆形，长约 0.4 毫米，浅黄绿色，体软。

2. 发生及为害

成虫和若虫汲取咖啡嫩叶、嫩梢、花及果实的汁液。叶片受害后发黄、畸形皱缩，严重被害的幼果果皮皱缩，果柄发黄，幼果未成熟即脱落。同时排泄蜜露积聚在叶片上，诱致煤烟病大量发生，影响咖啡光合作用及长势，最终导致咖啡减产，品质下降。

该虫单株虫口数量增量与平均温度增量显著相关。虫口周年变化呈单峰曲线，峰值出现在 8 月，为害率最高值出现在 9 月。

3. 防治措施

（1）农业防治

保护和利用天敌。6—7 月后湿热有利于绿蚧天敌寄生菌（如芽枝霉、球囊菌和笋尖孢霉等）的发生与寄生，以及绿蚧天敌中的肉食性昆虫（如大红瓢虫、红环瓢虫、二星瓢虫、内寄生天敌膜翅目中的小蜂科种类）的大量发生，保护和利用天敌，有利于大范围抑制咖啡绿蚧单株虫口数量的繁殖扩大。此外，还要供应充足水、肥，及时剪除虫枝，防止蚂蚁上树，提高树体抗虫能力及防止虫害传播。

（2）化学防治

选用 22.4% 螺虫乙酯悬浮剂 3 000～4 000 倍液，或 0.3% 苦参碱水剂 200～300 倍液，或 2.5% 溴氰菊酯乳油 1 000 倍液等喷施树体，每隔 2 周喷施 1 次，连续喷施 2～3 次。

（五）咖啡根粉蚧

1. 形态特征

（1）成虫

雌成虫体长 2.5～3.5 毫米，宽 1.2～1.5 毫米，椭圆形，背面隆起，体紫色，背面被白色蜡粉。雄成虫体长 1～1.3 毫米，宽 0.3～0.38 毫米，呈榄核形，黄褐色（图 3-126）。

（2）卵

椭圆形，紫色，常聚集成堆。外被白色蜡粉。

（3）若虫

初孵时为紫红色，外形与雌成虫相似，背面扁平，无蜡粉，以后随虫龄发育蜡粉增加。

2. 发生及为害

该虫主要为害咖啡根部，以若虫和成虫寄生在咖啡根部吸食植株汁液，常在咖啡根部周围布满白色绵状物。初期先在根颈2~3厘米深处为害，以后逐渐蔓延至主根、侧根，最后遍布整个根系吸食液汁。常和一种真菌共生，为害后期菌丝体在根部外结成一串串灰褐色瘤疱并包裹虫体，掩护该虫大量繁衍，严重消耗植株养分及影响根系生长，使植株早衰，叶黄枝枯，最后因根部发黑腐烂，整株凋萎枯死。

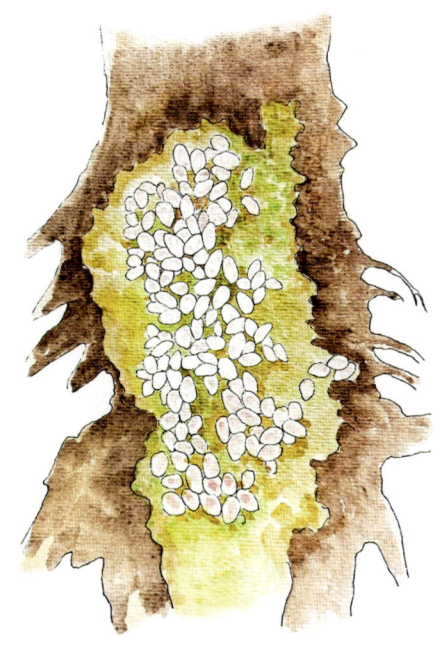

图3-126　咖啡根粉蚧

该虫一般1年发生2代，以若虫在土壤湿润的寄主根部越冬，随后3—4月为第一代成虫盛期，6—7月为第二代成虫盛期，世代重叠。主要靠蚂蚁传播，同时蚂蚁取食该虫分泌的蜜露，并对该虫起保护作用。一般喜在土壤肥沃疏松、富含有机质和稍湿润的园地发生。

3. 防治措施

（1）农业防治

严格检疫，不种植带虫咖啡苗；加强田间管理，避免土壤过分干旱，咖啡园保持清洁，铲除杂草，减少蚂蚁数量；做好咖啡园周边寄主植物根粉蚧的防治，消灭虫源。

（2）化学防治

咖啡定植时用2.5%溴氰菊酯乳油800倍液，或22.4%螺虫乙酯悬浮剂3 000倍液喷施幼苗根部。土壤pH值低于4.5时为害加重，施用石灰或增施钙镁肥，提高土壤pH，为害严重时用40%辛硫磷乳油500倍液灌根，每株药液用量500毫升。

参考文献

董云萍，黄丽芳，林兴军，等，2016. 20个小粒种咖啡种质生长量及根系形态差异分析 [J]. 热带作物学报，37（9）：1683-1689.

董云萍，黄丽芳，闫林，等，2015. 种间和种内嫁接对5个中粒种咖啡品种生长、产量及品质的影响 [J]. 热带农业科学（4）：15-25.

董云萍，黎秀元，闫林，等，2011. 不同种植模式咖啡生长特性与经济效益比较 [J]. 热带农业科学，31（12）：12-15.

董云萍，林兴军，黄丽芳，等，2013. 咖啡种间嫁接苗生长特性研究 [J]. 热带作物学报，34（8）：1421-1425.

董云萍，龙宇宙，2005. 中粒种咖啡低产园芽接换种技术 [J]. 中国热带农业（6）：40-41.

董云萍，赵青云，张昂，等，2022. 施用酸性土壤调节剂、腐熟咖啡果皮对咖啡苗生长及土壤养分含量、酶活性的影响 [J]. 福建农业学报，37（11）：1493-1502.

董云萍，朱华康，赵青云，等，2021. 间作对咖啡和澳洲坚果根系形态、分布及养分累积的影响 [J]. 热带作物学报，42（2）：405-413.

黄丽芳，李金芹，王晓阳，等，2020. 基于幼苗光合及叶绿素荧光参数的3种咖啡耐低温胁迫的综合评判 [J]. 福建农业学报，35（10）：1063-1070.

黄丽芳，龙宇宙，李金芹，等，2023. 低温胁迫对小粒种咖啡幼苗生理特性的影响 [J]. 中国农业科技导报，25（2）：60-67.

林兴军，陈鹏，孙燕，等，2015. 不同氮肥对咖啡园砖红壤硝化作用的影响 [J]. 热带作物学报，36（11）：1932-1937.

林兴军，陈鹏，孙燕，等，2015. 咖啡硝态氮代谢研究进展 [J]. 热带农业科学（3）：100-105.

林兴军，陈鹏，孙燕，等，2016. 不同形态氮素及铵硝比例对咖啡氮吸收和生长的影响 [J]. 热带农业科学，36（7）：17-21.

林兴军，马福生，陈鹏，等，2018. 水分胁迫对中粒种咖啡花芽分化的影响 [J]. 热带农业科学，38（8）：35-39.

龙宇宙，陈平，1997. 低产中粒种咖啡芽接换种试验与推广效应 [J]. 热带作物科技（6）：6-12.

龙宇宙，董云萍，卢少芳，等，2002. 中粒种咖啡无性系XL26号的抗寒机理研究 [J]. 华南热带农业大学学报，8（1）：1-4, 34.

龙宇宙，王哲顺，1999. 中粒种咖啡 8 个无性系在海南北部地区的适应性研究 [J]. 热带作物科技（3）：41-43，40.

孙世伟，刘爱勤，王政，等，2017. 咖啡黑（枝）小蠹成虫触角感受器的扫描电镜观察 [J]. 热带作物学报，38（4）：695-699.

孙燕，董云萍，2015. 咖啡寒害及其防治 [J]. 农村实用技术（7）：36-37.

孙燕，董云萍，林兴军，等，2018. 不同施氮条件下咖啡果干物质积累、产量及氮肥利用率 [J]. 热带作物学报，39（10）：1901-1905.

孙燕，董云萍，龙宇宙，等，2019. 施氮量对咖啡生长及光合特征的影响 [J]. 热带作物学报，40（2）：215-220.

孙燕，董云萍，龙宇宙，等，2019. 种间嫁接对连作障碍土壤上咖啡生长及养分吸收特性的影响 [J]. 热带农业科学，39（8）：5-10.

孙燕，董云萍，龙宇宙，等，2021. 异源双根对连作障碍下咖啡幼苗氧化损伤的缓解效应 [J]. 热带作物学报，42（2）：414-421.

孙燕，董云萍，杨建峰，2009. 咖啡立体栽培及优化模式探讨 [J]. 热带农业科学，29（8）：43-46.

孙燕，林兴军，龙宇宙，等，2020. 咖啡双根嫁接苗生长及光合特性比较研究 [J]. 热带作物学报，41（7）：1387-1392.

孙燕，杨建峰，董云萍，2009. 咖啡营养诊断研究现状及展望 [J]. 热带农业科学，29（5）：80-83.

孙燕，杨建峰，董云萍，2009. 咖啡种间嫁接对产量和品质的影响初探 [J]. 热带作物学报，30（11）：1558-1561.

孙燕，杨建峰，董云萍，等，2012. 不同咖啡园土壤磷素形态特征及其有效性研究 [J]. 热带作物学报，33（4）：605-608.

孙燕，杨建峰，董云萍，等，2012. 海南省典型咖啡园土壤养分状况评价 [J]. 热带农业科学，32（11）：57-59.

孙燕，杨建峰，董云萍，等，2012. 海南省典型咖啡园植株矿质养分状况评价 [J]. 热带农业科学，32（1）：5-7.

孙燕，杨建峰，董云萍，等，2017. 咖啡根系分泌物对嫁接后植株生长及叶片保护酶活性的影响 [J]. 生态学杂志，36（5）：1310-1314.

孙燕，赵青云，董云萍，等，2022. 不同靠接方式及草木灰施用方式对咖啡靠接成活率的影响 [J]. 中国热带农业（6）：45-50，30.

孙燕，赵青云，龙宇宙，等，2021. 不同育苗基质下咖啡种间嫁接苗生长及光合特性 [J]. 热带作物学报，42（6）：1606-1612.

王晓阳，董云萍，邢诒彰，等，2018. 单作和间作对槟榔和咖啡生长、根系形态及养分利用的影响 [J]. 热带作物学报，39（10）：1906-1912.

王晓阳，闫林，林兴军，等，2018. 离体花芽枝条水分培养检测咖啡花芽休眠解除进程的研究 [J]. 中国热带农业（3）：48-51.

闫林，陈婷，黄丽芳，等，2019. 小粒种咖啡种质资源重要农艺性状遗传多样性分析 [J]. 福建农业学报，34（12）：1379-1387.

闫林，董云萍，黄丽芳，等，2011. 中粒种咖啡嫁接育苗技术 [J]. 中国热带农业（3）：52-53.

闫林，董云萍，黄丽芳，等，2019. 咖啡种间嫁接与不嫁接植株主要农艺和品质性状比较 [J]. 热带作物学报，40（7）：1253-1258.

闫林，黄丽芳，王晓阳，等，2012. 不同处理对中粒种咖啡扦插生根的影响 [J]. 热带作物学报，33（12）：2193-2198.

闫林，黄丽芳，王晓阳，等，2018. 中粒种咖啡品种比较试验 [J]. 热带作物学报，39（7）：1276-1281.

闫林，黄丽芳，王晓阳，等，2020. 咖啡新品种热研3号选育 [J]. 种子，39（7）：119-122.

赵青云，普浩杰，王秋晶，等，2020. 咖啡果皮不同堆沤处理养分含量及其对咖啡植株生长的影响 [J]. 热带作物学报，41（4）：633-639.

赵青云，邢诒彰，林兴军，等，2017. 施用咖啡果皮对咖啡幼苗生长及土壤理化性状的影响 [J]. 热带农业科学，37（8）：54-59.

赵青云，邢诒彰，孙燕，等，2017. 施用土壤调节剂对咖啡苗生长及连作酸化土壤酶活性的影响 [J]. 热带作物学报，38（10）：1868-1873.

HUANG L F, HU L S, FAN Y U, et al., 2021. Comparative transcriptome analysis revealed the influence of sucrose on flavor and taste quality of Coffea arabica and C.canephora varieties[J]. Beverage Plant Research, 1（1）：88-96.

SUN Y, YANG J F, HUANG L F, et al., 2016. Study on the characteristics of grafting coffee nutrient content and the influence factors of absorbing nitrogen, phosphorus and potassium[C]. The 26th International Conference on Coffee Science, 54.

ZHAO Q Y, XIONG W, XING Y Z, et al., 2018. Long-term coffee monoculture alters soil chemical properties and microbial communities[J]. Scientific Reports, 8（1）：6116-6126.

附 录

附录一 NY/T 358—2014

咖啡 种子种苗

1 范围

本标准规定了咖啡（*Coffea* spp.）种子种苗的术语和定义、要求、试验方法、检验规则以及包装、标志、运输和贮存。

本标准适用于小粒种咖啡（*C. arabica* L.）用于繁育种苗的种子和实生苗，中粒种咖啡（*C. canephora* Pierre ex Froehner）的嫁接苗和扦插苗。

2 规范性引用文件

下列文件对于本文件的应用是必不可少的。凡是注日期的引用文件，仅注日期的版本适用于本文件。凡是不注日期的引用文件，其最新版本（包括所有的修改单）适用于本文件。

GB 9847　苹果苗木

GB/T 18007　咖啡及其制品　术语

NY/T 1518　袋装生咖啡　取样

ISO 6673—2003　生咖啡豆　在105℃时质量损失的测定

中华人民共和国农业部1995年第5号令《植物检疫条例实施细则（农业部分）》

3 术语和定义

GB/T 18007界定的以及下列术语和定义适用于本文件。

3.1 种衣

咖啡果的内果皮,由石细胞组成的一层角质薄壳。

3.2 实生苗

由种子繁殖成的种苗。

3.3 嫁接苗

用特定的砧木和接穗,通过嫁接方法繁育的种苗。

3.4 扦插苗

从特定品种母树上切取枝段,在插床上催根后,装入营养袋,培育成的种苗。

4 要求

4.1 基本要求

4.1.1 种子

种子来源于经确认的品种纯正、优质高产、抗锈病强的母本园或母株,品种纯度 ≥ 95.0%;种衣保存完好,浅黄色,色泽均匀,无霉点。

4.1.2 实生苗和扦插苗

植株生长正常,叶色正常,无病虫为害,无明显机械性损伤;出圃时营养袋完好,营养土柱完整不松散。

4.1.3 嫁接苗

植株生长正常,叶色正常,无病虫为害,无明显机械性损伤;嫁接口发育均匀,皮平滑,没有茎部肿大、粗皮、解绑过迟致薄膜带绞缢等不良情况。

4.2 疫情要求

无检疫性病虫害。

4.3 质量要求

4.3.1 咖啡种子

咖啡种子质量分级指标见表1。

表1 咖啡种子质量分级指标

项目	级别		
	一级	二级	三级
发芽率 /%	≥ 90.0	≥ 80.0	≥ 70.0
含水量 /%	≤ 19.0	≤ 20.0	≤ 20.0
净度 /%	≥ 98.0		
纯度	符合品种特征		

4.3.2 小粒种实生苗

咖啡实生苗分为两个级别，各级别的种苗应符合表2规定。

表2 小粒种咖啡实生苗质量分级指标

项目	级别	
	一级	二级
株高 /cm	15.0 ~ 24.9	25.0 ~ 43.0
茎粗 /cm	0.30 ~ 0.49	0.50 ~ 0.78
叶片数 / 对	5 ~ 7	8 ~ 12
分枝数 / 对	0	≥ 1
品种纯度 /%	≥ 98.0	

注：分级指标针对使用长12 cm、宽10 cm的育苗袋培育的袋装苗。

4.3.3 中粒种嫁接苗

咖啡嫁接苗分为两个级别，各级别的种苗应符合表3规定。

表3 中粒种咖啡嫁接苗质量分级指标

项目	级别	
	一级	二级
株高 /cm	16.0 ~ 35.0	11.0 ~ 15.9
茎粗 /cm	0.51 ~ 0.70	0.30 ~ 0.50
叶片数 / 对	5 ~ 6	3 ~ 4
分枝数 / 对	2 ~ 6	0 ~ 1
品种纯度 /%	≥ 98.0	

4.3.4 中粒种扦插苗

咖啡扦插苗分为两个级别，各级别的种苗应符合表4规定。

表 4 中粒种咖啡扦插苗质量分级指标

项目	级别	
	一级	二级
株高 /cm	30.0 ~ 50.0	25.0 ~ 29.9
茎粗 /cm	0.40 ~ 0.60	0.30 ~ 0.39
叶片数 / 对	5 ~ 7	3 ~ 4
分枝数 / 对	≥ 1	0
品种纯度 /%	≥ 98.0	

5 试验方法

5.1 外观

5.1.1 种子

用目测法检测带种衣的咖啡种子的颜色、形状。

5.1.2 种苗

用目测法检验植株长势，叶色，病虫为害情况，有无机械性损伤，营养袋、营养土的完整度等。

5.2 发芽率

从净种子中随机取 300 粒种子，分成 3 个重复，每个重复 100 粒种子。剥去种衣，用饱和 Ca_2SO_4 溶液浸泡种子并置于 30℃水浴 12 h，用纯净水冲洗 3 次，均匀点播于干净河沙中，置于恒温保湿箱中，（29±1）℃进行发芽试验，23 ~ 25 d 检查胚根伸长情况，凡胚根伸长 0.2 cm 以上的均为有发芽力的种子。发芽率以粒数的百分率 x_2 计，按式（1）计算。检验结果记录表参见表 B.1。

$$x_2 = \frac{M_2}{100} \times 100 \qquad (1)$$

式中：

x_2——发芽率，单位为百分率（%）；

M_2——发芽种子数，单位为粒。

计算结果保留一位小数。

5.3 含水量

咖啡种子含水量按 ISO 6673 规定的方法测定。检验结果记录表参见表 B.1。

5.4 净度

用百分之一天平称取 2 份约相等质量的送检样品（最低重 300 g）于净度检验台，将样品分为净种子、杂质（石头、土块、果壳、干果、枝条）两部分，分别称重，记录结果。净度以质量分数 x_1 计，按式（2）计算。检验结果记录表参见表 B.1。

$$x_1 = \frac{M_1 - m_1}{M_1} \times 100 \qquad (2)$$

式中：

x_1——净度，单位为百分率（%）；

M_1——称取的种子样总质量，单位为克（g）；

m_1——杂质质量，单位为克（g）。

计算结果保留一位小数。

5.5 种子纯度

参照附录 A，用目测法比对种子外观特征、采集园母株的树姿、树冠、分枝、叶片、果实等特征特性，判定种子纯度。检验结果记录表参见表 B.1。

5.6 株高

测量株高。实生苗和扦插苗为营养袋土面至种苗顶端的垂直距离；嫁接苗为嫁接部位中部至种苗顶端的垂直距离，保留一位小数。检验结果记录表参见表 B.3。

5.7 茎粗

用游标卡尺测量直径。实生苗为营养袋土面以上 2 cm 处的茎干直径；嫁接苗为嫁接口以上 2 cm 处的茎干直径；扦插苗为新主干抽生处以上 2 cm 处的茎干直径，保留两位小数。检验结果记录表参见表 B.3。

5.8 叶片数

用肉眼观察，记载主干上叶片数量，单位为对，保留整数。检验结果记录表参见表 B.3。

5.9 分枝数

用肉眼观察，记载主干上抽生的分枝数量，单位为对，保留整数。检验结果记录表参见表 B.3。

5.10 种苗纯度

将实生苗、嫁接苗、扦插苗对应按附录 A 的标准逐株用目测法检验，根据指定品种的主要特征，确定指定品种的种苗数。纯度按式（3）计算。

$$P = \frac{m_3}{M_3} \times 100 \quad \quad (3)$$

式中：

P ——品种纯度，单位为百分率（%）；

m_3 ——样品中鉴定品种株数，单位为株；

M_3 ——抽样总株数，单位为株。

计算结果保留一位小数。

5.11 疫情检验

根据中华人民共和国农业部 1995 年第 5 号令的规定进行疫情检验。

6 检验规则

6.1 批次

6.1.1 种子

品种、产地、生长年限和收获时期相同以及质量基本一致的同一批种子为一个检验批次。

6.1.2 种苗

同品种、同等级、同一批种苗可作为一个检验批次。检验限于种苗装运地或繁殖地进行。

6.2 种子取样

按 NY/T 1518 的规定进行，用咖啡取样器随机从一批咖啡种子的某一袋中抽取约 30 g 的小样，抽取的袋数不少于总袋数的 10%，将抽取的小样混合成不少于 1 500 g 的混合样，从混合样中分取质量不少于 300 g 的实验室样。

6.3 种苗抽样

按 GB 9847 中的规定进行，采用随机抽样法。种苗基数在 999 株以下（含 999 株），按基数的 10% 抽样，并按式（4）计算抽样量；种苗基数在 1 000 株以上时，按式（5）计算抽样量。具体计算公式如下：

$$y_1 = y_2 \times 10\% \tag{4}$$
$$y_3 = 100 + (y_2 - 999) \times 2\% \tag{5}$$

式中：

y_1 —— 种苗基数在 999 株以下的抽样量，单位为株，结果保留整数；

y_2 —— 种苗基数，单位为株，结果保留整数；

y_3 —— 种苗基数在 1 000 株以上的抽样量，单位为株，结果保留整数。

6.4 判定规则

6.4.1 基本判定

如达不到 4.1 和 4.2 中的某一项要求，则判该批种子或种苗为不合格。

6.4.2 种子质量判定

咖啡种子质量指标达不到 4.3.1 的净度和纯度指标中任何一项时判为不合格；达到 4.3.1 的净度和纯度指标后，依据发芽率和含水量指标进行分级，任何一项质量指标达不到该级别要求，就可判定为下一级别，达不到三级要求时判为不合格。

6.4.3 种苗质量判定

同一批检验的一级苗中，允许有 5% 的苗低于一级标准，但应达到二级标准，超过此范围，则为二级苗；同一批检验的二级苗中，允许有 5% 的苗低于二级标准，但应符合基本要求，超过此范围，则该批苗为不合格。

6.4.4 复验

当贸易双方对判定结果有异议时，可抽样复验一次，以复验结果为最终结果。

7 包装、标志、运输和贮存

7.1 包装

咖啡种子必须用干净透气的麻袋、布袋、纤维袋包装；袋装苗营养袋完好或营养袋破损不严重、土团不松散的，可直接装运。

7.2 标志

种子贸易及种苗出圃时应附有质量检验证书和标签，质量检验证书和标签的要求见表 B.2、表 B.4 和附录 C。

7.3 运输

种子种苗应按不同品种、级别分别装运，在运输过程中应防止日晒雨淋，保证通风透气。当运到目的地后及时卸下，种子可暂时存放室内通风处，并尽快播种；种苗置于阴棚或阴凉处，并及早定植。

7.4 贮存

咖啡种子必须贮存在干燥通风的室内，而且要定期检查通风设施以及种子是否发霉。贮存期不宜超过 3 个月。

附录A（资料性附录）
咖啡主要品种特征

咖啡主要品种特征见表 A.1。

表 A.1 咖啡主要品种特征

品种	株高	树形	树冠	分枝	嫩叶颜色	成熟叶颜色	叶片特征	成熟果实特征	种子形状	抗锈病性
卡帝姆CIFC7963（F6）	矮生	直立	近圆柱形	粗壮，节密	翠绿	浓绿	椭圆披针形	近圆形，红色。果粒中等	椭圆形	强
S288	矮生	直立	圆柱形	粗壮，节密	红色	浓绿	叶小，革质较硬,长椭圆形,叶面光亮	近椭圆形，红色。果粒大	椭圆形	强
热研1号	高大	直立	圆柱形，树冠疏透	一级分枝粗且长	绿色	浓绿	阔椭圆披针形	扁圆形，橙红色。果粒大	长椭圆形，粒大	强
中粒种咖啡24-2号	高度中等	开张	圆柱形，树冠疏透	一级分枝粗且长	铜绿色	黄绿	宽椭圆披针形，叶脉间叶肉突出	红色，近圆形	椭圆形	强
热研2号	矮生	直立	圆柱形，树冠疏透	一级分枝相对细软	铜绿色	绿	叶片小，椭圆披针形	橙红色，近圆形	椭圆形，粒小	强
中粒种咖啡26号	高度中等	直立	圆柱形，树冠紧密	一级分枝粗，二级分枝多，节密	铜绿色	浓绿	椭圆披针形，叶缘波浪明显	红色，近圆形，较有光泽	椭圆形	强

附 录

附录 B （资料性附录）
咖啡种子种苗质量检测记录表

B.1 咖啡种子质量检测记录表

见表 B.1。

表 B.1 咖啡种子质量检测记录表

育 种 单 位：_____ 品　　　种：_____

种 子 园 地 址：_____ 抽 样 地 点：_____

取 样 日 期：_____ 取 样 人：_____

检 验 日 期：_____

项目	测定值			
	1	2	3	平均
净度 /%				
发芽率 /%				
含水量 /%				
纯度				

测定人：　　　　　　　　　　　　　　　记录人：

B.2 咖啡种子质量检验证书

见表 B.2。

表 B.2 咖啡种子质量检验证书

No.：_____

制种单位		购种单位	
种子数量		品种	
采种日期			
检验结果			
证书签发期			
注：本证书一式三份，制种单位、购种单位、检验单位各一份。			

审核人（签字）：　　　　校核人（签字）：　　　　检测人（签字）：

B.3 咖啡种苗质量检验记录表

见表 B.3。

表 B.3 咖啡种苗质量检验记录表

品　　种：_____　　No.：_____

育苗单位：_____　　购苗单位：_____

出圃株数：_____　　抽检数量：_____

纯　　度：_____

样株号	株高 /cm	茎粗 /cm	叶片数 / 对	分枝数 / 对	外观	初评级别

审核人（签字）：　　校核人（签字）：　　检测人（签字）：

　　　　　　　　　　　　　　　　　　　　检测日期：　　年　月　日

B.4 咖啡苗木质量检验证书

见表 B.4。

表 B.4 咖啡苗木质量检验证书

育苗单位		购苗单位	
种苗数量		品种	
检验结果			
证书签发期			
注：本证书一式三份，育苗单位、购苗单位、检验单位各一份。			

审核人（签字）：　　校核人（签字）：　　检测人（签字）：

附录 C （资料性附录）
咖啡种子种苗标签

咖啡种子种苗标签见图 C.1。

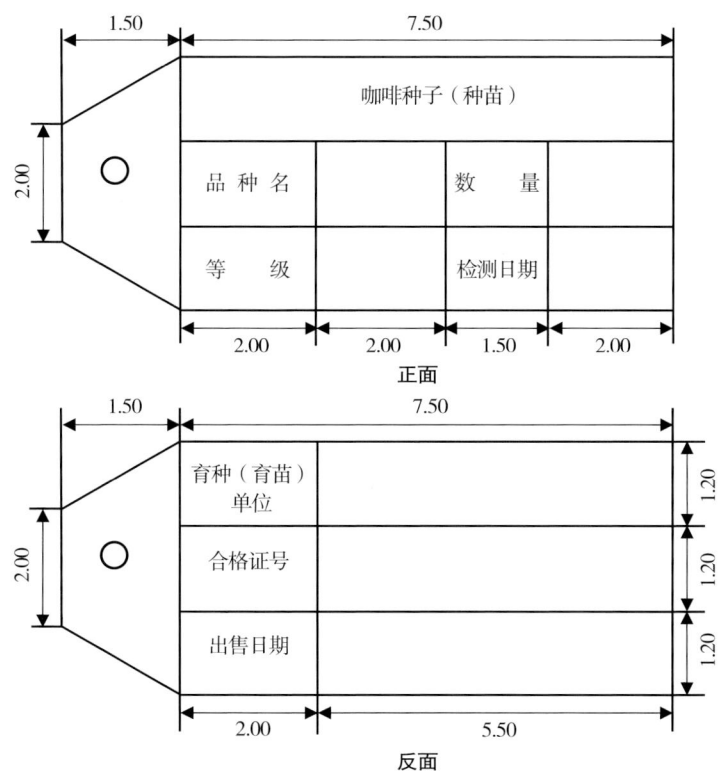

注：标签用 150 g 的牛皮纸。标签孔用金属包边。

图 C.1 咖啡种子种苗标签

说明：
本标准由农业部农垦局提出。
本标准由农业部热带作物及制品标准化技术委员会归口。
本标准起草单位：中国热带农业科学院香料饮料研究所。
本标准主要起草人：董云萍、闫林、龙宇宙、谭乐和、孙燕、王晓阳、黄丽芳、林兴军、陈鹏。

附录二　DB 46/T 245—2013

中粒种咖啡芽接苗繁育技术规程

1　范围

本标准规定了中粒种咖啡（*Coffea canephora* Pierre）芽接育苗的术语和定义、砧木苗繁育、芽接苗繁育、种苗出圃分级及检验、包装、标志、运输等技术要求。

本标准适用于中粒种咖啡芽接苗的繁育。

2　规范性引用文件

下列文件对于本文件的应用是必不可少的。凡是注日期的引用文件，仅所注日期的版本适用于本文件。凡是不注日期的引用文件，其最新版本（包括所有的修改单）适用于本文件。

GB 9847　苹果苗木

GB 15569　农业植物调运检疫规程

中华人民共和国国务院令　1992 年第 98 号《植物检疫条例》

中华人民共和国农业部令　1995 年第 5 号《植物检疫条例实施细则（农业部分）》

3　术语和定义

下列术语和定义适用于本文件。

3.1　芽接苗

用特定的砧木和接穗，通过芽接方法繁育的种苗。

3.2　株高

从营养袋土面至种苗顶端的垂直距离。

3.3　茎粗

芽接口部位上端以上 2 cm 处的茎干最大直径。

4 砧木苗繁育

4.1 苗圃地选择

宜选择交通方便、近水源、静风、土壤肥沃且排水良好的平地或缓坡地作苗圃地。

4.2 种子采集及处理

在果实盛熟期，从优良母树上采摘充分成熟、果形正常、饱满、具有两粒种子的果实，当天脱去果皮，清水浸泡 2~3 d，也可用草木灰或 1 L 水加 2 g 氢氧化钠脱胶，用手搓到有粗糙感时，用清水洗净种子，同时拣去浮在水面上的空瘪及损伤的咖啡豆，然后晾干，切忌暴晒。晾干的种子最好在 1 个月内播种，或放于通风干燥处贮存，贮存期不应超过 3 个月。

4.3 沙床催芽

4.3.1 沙床准备

采用砖混结构沙池，沙池宽 120 cm、深 30 cm，用干净的中细河沙作为沙床基质，厚 20 cm；或在平整好的苗圃地起畦，畦宽 120 cm、高 15~20 cm，长视地形而定，畦间距 40 cm，在畦面覆上干净的中细河沙作催芽床基质，厚 10~15 cm。需在沙床上架设阴棚，棚高 1.5~1.8 m、棚顶及四周覆盖荫蔽度 70%~80% 的遮阳网。

4.3.2 催芽时期

适宜催芽时期为 2—5 月。

4.3.3 种子处理

用清水浸泡 24 h，使种子充分吸胀。

4.3.4 播种

将种子均匀撒于沙床上，播种量每平方米 300 g，种子间不宜相互重叠，播后在沙床表面覆盖一层河沙，厚度为 0.5~1 cm，再盖上稻草，淋水。

4.3.5 管理

为了预防小苗猝倒病，催芽前可用 50% 多菌灵可湿性粉剂 600 倍液喷施催芽床及四周，在催芽过程中适时喷药进行预防；若发生小苗猝倒病时，清除发病区的苗及沙，并用 75% 百菌清可湿性粉剂 600 倍液或 70% 代森锰锌可湿性粉剂 500 倍液进行消毒。20~40 d 种子出土后，需及时揭去稻草。

4.4 营养袋育苗

4.4.1 苗圃规划与建设

苗圃规划、建设内容包括苗床、道路、肥池及供水设施。苗圃地平整土地后进行规划。苗床宽1.0 m，长度根据地形地势而定。苗床呈区间布置，区间即为道路，沿道路布设供水系统。架设阴棚，高1.8～2.0 m、棚顶及四周覆盖荫蔽度70%～80%的遮阳网。肥池设在苗圃中部或进圃路口旁。

4.4.2 营养土配制

以2～3份腐熟农家肥、7～8份表土和0.2份过磷酸钙或钙镁磷肥加适量腐熟椰糠拌匀配成营养土。

4.4.3 营养袋规格

采用长15～18 cm、宽30 cm、厚0.005 mm的软塑材质营养袋。

4.4.4 装袋与摆放

营养土装袋后，按苗床位置成行摆整齐，4～5袋排成1行，苗床间留40～50 cm的小路。

4.4.5 移苗

4.4.5.1 移苗时期

在小苗子叶平展、真叶尚未长出前移苗为宜。

4.4.5.2 移苗方法

移苗前应对沙床充分淋水，铲起幼苗后剔除主根、主干弯曲以及其他病苗弱苗，保持幼苗根系湿润，对主根过长的幼苗可稍剪短主根。起苗后随即植苗。植苗时用竹片在装好营养土的袋中央挖一小穴，将幼苗根部置于穴内，回土，压实根部周围土壤，植苗时不能弯曲主根，植苗后淋足定根水。

4.4.6 管理

4.4.6.1 排灌

移苗后应定期淋水，保持袋土湿润。应及时排除苗圃积水。

4.4.6.2 施肥

应掌握勤施、薄施的施肥原则。在幼苗长出2～3对真叶后开始施肥，往后每10～15 d施肥1次。根据幼苗长势，每次施用0.5%复合肥水溶液、300～500倍腐熟的人畜粪尿、饼肥或其他有机肥，施肥后应立即淋少量清水1次，冲洗掉粘在叶片上或嫩芽上的肥料。

4.4.6.3 除草

应及时人工除去营养袋面及畦间杂草。

4.4.6.4 炼苗

待实生苗长出 8～9 对真叶时，在早、晚打开遮阳网，连续 7 d 后，从第 8～20 d 仅在 12:00—15:00 时盖遮阳网，21 d 后采用全光照。

4.4.6.5 病害防治

在病害流行期，即每年 10 月至翌年 4 月期间，可用 0.5%～1% 波尔多液、或 50% 多菌灵可湿性粉剂 500 倍液防治炭疽病。病害发生时先摘除病叶后喷药，连喷 2～3 次，每次间隔 7～10 d。

5 芽接苗繁育

5.1 苗木芽接

5.1.1 芽接时期

适宜芽接时期为 3—4 月或 9—11 月，在高温期、低温期、雨天不宜芽接。

5.1.2 芽条选取

宜选择绿色未木质化且粗壮、节间短、芽点饱满的茎段作为芽条。从高产无性系咖啡母树上剪取有 8 对叶片以上的直生枝，取其顶芽下部第 2～5 节，剪去一级分枝和叶片，保留叶柄。

5.1.3 芽片准备

将芽条剪成长 3～4 cm 的茎段，剪口上端离芽点 1 cm，剪口下端离芽点 2～3 cm，用利刀将剪口削平，并由上而下将削好的茎段纵向剖开，分成两个芽片，将剖面削平，芽片下端削成 45° 角的斜面。

5.1.4 砧木准备

实生苗茎粗达 0.8～1.6 cm 即可芽接。在砧木离地 5～10 cm 较平直处开一平滑长方形的开口，深达木质部，长、宽比芽片稍大。

5.1.5 芽接方法

采用腹接的方法，将削好的芽片插入砧木开口，使砧木与芽片的形成层对齐，再用白色塑料绑带自下而上覆瓦状绑紧。在绑扎过程中，应轻扶芽片，使芽片与砧木形成层对齐。

5.2 芽接后管理

5.2.1 解绑与剪砧

芽接后应经 30～45 d 解绑，期间如温度较高可较早解绑，温度较低可适当延长，在 11 月芽接的应于翌年 2 月解绑。解绑 1 周后，凡芽片成活的植株，从芽接口上端以上 2～3 cm 处把砧木剪除，不成活的，重新芽接。

5.2.2 水肥管理

芽接后未解绑前，视土壤干湿情况适时灌水，保持土壤湿润，但不宜施肥；芽片萌芽后按 4.4.6.2 方法进行施肥。

5.2.3 病虫害防治

芽接后未解绑前应采用蚂蚁净撒在蚂蚁经常出没的地面防止蚂蚁咬破绑带。解绑后若发生病害，炭疽病、细菌性叶斑病防治方法同 4.4.6.5。

5.2.4 除萌

应及时剪除砧木上的萌芽。

6 种苗出圃分级及检验

6.1 基本要求

6.1.1 叶片数不少于 3 对。

6.1.2 植株长势正常，叶色浓绿，无检疫性病虫害，无明显机械损伤。

6.1.3 芽接口平滑，没有解绑过迟致薄膜带绞缢现象，营养袋完好。

6.2 分级

在符合 6.1 的前提下芽接苗分级应符合表 1 的规定。

表 1 中粒种咖啡芽接苗分级指标

项目	级别	
	一级	二级
株高 /cm	16～35	11～15
茎粗 /cm	0.51～0.70	0.30～0.50
叶片数 / 对	5～6	3～4
品种纯度 /%	≥ 98.0	

6.3 检验方法及判定规则

6.3.1 品种纯度

参照附录 A 逐株用目测法检验，根据鉴定品种的主要特征，确定本品种的种苗数。纯度按公式（1）计算：

$$P = \frac{m}{M} \times 100 \tag{1}$$

式中：

P——品种纯度，以百分率表示（%），保留一位小数；

m——样品中鉴定品种株数，单位为株；

M——抽样总株数，单位为株。

计算结果保留一位小数。

6.3.2 外观检验

6.3.2.1 用目测法检验植株长势、叶色、病虫为害、机械损伤、芽接口愈合情况。

6.3.2.2 用目测法检验主干上的叶片数，检验结果记录表参见附录 B。

6.3.2.3 用钢卷尺测量株高，保留整数，检验结果记录表参见附录 B。

6.3.2.4 用游标卡尺测量茎粗，保留两位小数，检验结果记录表参见附录 B。

6.3.3 疫情检验

根据《植物检疫条例》《植物检疫条例实施细则（农业部分）》和 GB 15569 的规定进行疫情检验。

6.3.4 检验规则

6.3.4.1 批次

同品种、同等级、同一批种苗可作为一个检验批次。检验限于种苗装运地或繁殖地进行。

6.3.4.2 抽样

按 GB 9847 中的规定进行，采用随机抽样法。种苗基数在 999 株以下（含 999 株），按基数的 10% 抽样，并按公式（2）计算抽样量；种苗基数在 1 000 株以上时，按公式（3）计算抽样量。具体计算公式如下：

$$y_1 = N \times 10\% \tag{2}$$

$$y_2 = 100 + [(N - 999) \times 2\%] \tag{3}$$

式中：

y_1 —— 种苗基数在999株以下的抽样数，单位为株；

y_2 —— 种苗基数在1 000株以上的抽样数，单位为株；

N —— 批量种苗总数；

计算结果保留整数。

6.3.5 判定规则

6.3.5.1 不符合6.1中任何一项的种苗不得出圃。

6.3.5.2 各级允许的不合格种苗只能是邻级，不能是隔级。

6.3.5.3 同一批检验的一级苗中，允许有5%的苗低于一级苗标准，但应达到二级苗标准，超过此范围，则判为二级苗；同一批检验的二级苗中，允许有5%的苗低于二级苗标准，但应符合6.1的规定，超过此范围，则该批苗判为不合格。

7 包装、标志、运输

7.1 包装

袋装苗营养袋完好或营养袋破损不严重，土团不松散的，可直接装运。

7.2 标志

芽接苗出圃时应附有种苗质量检验证书和种苗标签，质量检验证书和种苗标签的要求见附录C和附录D。

7.3 运输

种苗要按不同品种、级别分别装运，在运输过程中应防止日晒雨淋，保证通风透气。当运到目的地后应立即卸苗，置于阴棚或阴凉处，并及时定植。

附录A（规范性附录）
中粒种咖啡主要品种特征

品种	株高	树形	树冠	分枝	嫩叶颜色	成熟叶颜色	叶形	成熟果实特征	种子形状
24-1号	高大	直立	圆柱形，树冠疏透	一级分枝粗且长	绿色	浓绿色	阔椭圆披针形	扁圆形，橙红色，果粒大	粒大，长椭圆形
24-2号	高度中等	开张	圆柱形，树冠疏透	一级分枝粗且长	铜绿色	黄绿色	宽椭圆披针形，叶脉间叶肉突出	红色，近圆形	粒中等，椭圆形
6号	矮生	直立	圆柱形，树冠疏透	一级分枝相对细软	翠绿色	绿色	叶片小，椭圆披针形	橙红色，近圆形	粒小，椭圆形
26号	高度中等	直立	圆柱形，树冠紧密	一级分枝粗，二级分枝多，节密	铜绿色	浓绿色	椭圆披针形，叶缘波浪明显	红色，近圆形，较有光泽	粒中等，椭圆形

附录 B （规范性附录）
中粒种咖啡芽接苗质量检验记录表

品种（品系）：_____　　No.：_____

育苗单位：_____　　购苗单位：_____

出圃株数：_____　　抽检株数：_____

样株号	株高/cm	茎粗/cm	叶片数/片	初评级别

审核人（签字）：　　校核人（签字）：　　检测人（签字）：

检测日期：　　年　月　日

附录 C （规范性附录）
中粒种咖啡芽接苗质量检验证书

育苗单位		购苗单位	
种苗数量		品种（品系）	
检验结果	一级：　　　　株	二级：　　　　株	
检验意见			
证书签发期		证书有效期	
注：本证书一式三份，育苗单位、购苗单位、检验单位各一份。			

审核人（签字）：　　校核人（签字）：　　检测人（签字）：

附录 D （规范性附录）
中粒种咖啡芽接苗标签

中粒种咖啡芽接苗标签见图 D.1。

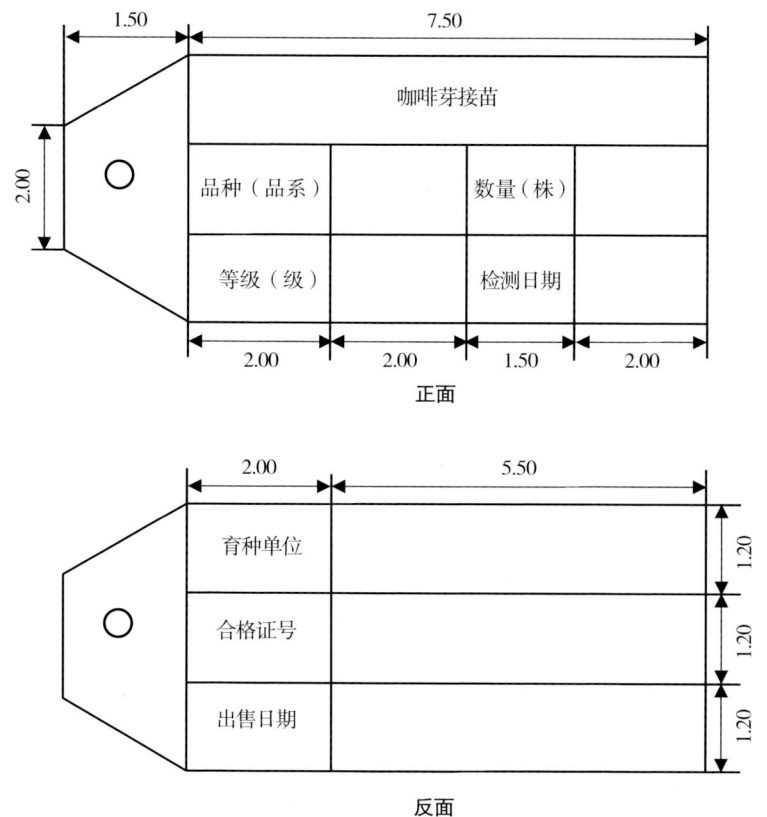

注：标签用 150 g 的牛皮纸。标签孔用金属包边。

图 D.1　中粒种咖啡芽接苗标签

说明：

本标准由海南省质量技术监督局提出并归口。

本标准起草单位：中国热带农业科学院香料饮料研究所、海南福山咖啡实业有限公司。

本标准主要起草人：闫林、董云萍、黄丽芳、王晓阳、陈鹏、孙燕、林兴军、谭乐和、龙宇宙、徐世炳。

附录三　T/HNBX 113—2021

兴隆咖啡　种苗繁育技术规程

1　范围

本文件规定了兴隆中粒种（罗巴斯塔，Robusta）咖啡（*Coffea canephora* Pierre ex A. Froehner）的实生苗繁育、嫁接苗繁育、扦插苗繁育、土壤管理、水肥管理、病虫害管理和种苗出圃技术要求。

本文件适用于兴隆咖啡实生苗、嫁接苗和扦插苗的繁育。

2　规范性引用文件

下列文件中的内容通过文中的规范性引用而构成本文件必不可少的条款。其中，注日期的引用文件，仅该日期对应的版本适用于本文件；不注日期的引用文件，其最新版本（包括所有的修改单）适用于本文件。

T/HNBX 111　兴隆咖啡　种子

T/HNBX 112　兴隆咖啡　病虫害防治技术规范

T/HNBX 114　兴隆咖啡　种苗

3　术语和定义

本文件没有需要界定的术语和定义。

4　实生苗繁育

4.1　苗圃地选择

宜选择交通方便、近水源、静风、土壤肥沃且排水良好的平地或缓坡地作苗圃地。

4.2　种子制备

在果实盛熟期，从中粒种咖啡优良母树上采摘充分成熟、果形正常而饱满的果实，及时脱去外果皮和果肉，用清水浸泡 36 ~ 48 h 或果胶酶（浓度为万分之一）浸泡 5 ~ 10 h，也可用草木灰或 1% ~ 2% NaOH 溶液搓洗脱胶，以手搓有粗糙感为宜。用清水洗净种子，同时拣去浮在水上面空瘪及损伤的种子,然后晾干,不宜暴晒,种子质量应符合 T/HNBX 111 的要求。

4.3 沙床催芽

4.3.1 沙床准备

在平整好的苗圃地起畦,畦长、宽、高分别为 500 cm、120 cm、15～20 cm,或其中长可视地形而定,畦间距 40 cm,或采用砖混结构筑造育苗池,宽、高分别为 120 cm、40 cm;用干净的中细河沙作催芽床基质;沙床上搭盖遮阴棚,荫蔽度 70%～80%,高为 1.8～2.0 m。催芽前催芽床及沙床四周用 50% 多菌灵可湿性粉剂 600 倍液喷 1 次消毒处理。

4.3.2 催芽时期

催芽时期以 2—5 月为宜。

4.3.3 种子处理

用干净的常温水浸泡 24 h,浸泡过程中换水 1～2 次。

4.3.4 播种

播种量约为 300 g/m^2,表面覆盖一层薄沙,厚度以淋水后种子不露为宜,再盖上椰子叶、稻草等覆盖物,淋足水。

4.3.5 催芽管理

播种后每天淋水 1～2 次,淋水量以保持沙床湿润为宜;在催芽过程中立枯病预防参照 T/HNBX 112 规定执行;幼苗发生立枯病时,及时去除病苗和病区的沙。播种后 20～40 d 幼苗出土,应及时揭开覆盖物。

4.4 育苗袋育苗

4.4.1 苗圃地规划、建设

规模化育苗应进行苗床、道路、肥池及供水设施规划。选择好地块后,根据地形设 3.0～4.0 m 主干道 1 条。整地、清除杂物,沿主干道垂直方向建苗床,床宽 1.0 m,床长根据地形而定;苗床间距 30～40 cm,沿主干道布设供水系统,以微喷灌为好;在苗圃中部靠近主干道处建 6～8 m^3 水肥池;搭盖阴棚,高 1.8～2.0 m,荫蔽度 70%～80%。

4.4.2 育苗袋规格

育苗袋长度和宽度宜分别为 25 cm 和 20 cm,选用市售黑色塑料育苗袋或营养钵。

4.4.3 营养土配制

以 2 份腐熟有机肥、6 份表土、2 份椰糠和 2%～3% 磷肥拌匀。有机肥以牛粪、鸡粪等腐熟肥料为宜。

4.4.4 装袋

将配制好的营养土均匀足量装入营养袋，浇透水后营养土与袋口平齐。装袋后按苗床位置成行摆整齐，4～5 袋排 1 行，每行四周底部培土固定。

4.5 移苗

4.5.1 移苗时期

种子出土后，在子叶平展、真叶尚未长出前移苗为宜。

4.5.2 起苗

起苗前要对催芽床充分淋水。用小铲子挖起小苗，尽量保护根系，随起苗随种。保持幼苗根系湿润。主根、主干弯曲以及其他病苗弱苗均不得选用。

4.5.3 移苗

移苗前一天将营养袋土充分淋湿。移苗时用直径约 1.5 cm 的木棍在袋中央捣 1 个小穴，将幼苗主根剪去约 1/5，放入小穴中，深至根颈处，将苗稍向上提，然后逐层回土压实，保持主根不弯曲，植苗后淋足定根水。

4.6 管理

移苗后至长出 5 对真叶前荫蔽度以 70%～80% 为宜；5 对真叶后，荫蔽度可减至 60%～70%。

4.7 炼苗

达到 T/HNBX 114 出圃标准时，应于早、晚打开遮阴网，在阴天或雨天可全天揭开遮阴网，并且停止施肥和浇水。炼苗时间不少于 1 个月，炼苗程度以叶面明显变成均匀的淡黄色，而不发生明显的叶片灼伤为宜。

5 嫁接苗繁育

5.1 嫁接时期

适宜嫁接时期为 3—4 月或 9—11 月。

5.2 砧木苗培育

砧木实生苗的培育应符合第 4 节的要求。

5.3 嫁接育苗

5.3.1 砧木准备

选苗龄 12 个月以上、茎粗 0.8～1.2 cm 的实生苗为砧木。在砧木离地约 5.0 cm

较平直处开 1 个长方形嫁接口，开口平滑，深达木质部，长、宽比芽片稍大。

5.3.2 芽条培养

将高产无性系母树主干拉弯，从母树基部抽生出的直生枝用于培养芽条。

5.3.3 芽条选取

选取 7 月龄、绿色未木栓化且粗壮、节间短、芽点饱满的直生枝为芽条。取顶芽下部第 2～5 节，剪去一级分枝和叶片，保留叶柄。芽条以当天剪取当天嫁接为宜。

5.3.4 接穗准备

必须在清凉的清晨进行摘枝修剪，上午 10 时前完成作业。将芽条剪成长度 3 cm 左右的茎段，剪口上端离芽点 1.0 cm，剪口下端离芽点 1.5 cm。丢弃未带有一级分枝的茎段。用利刀将剪口削平，并由上而下将削好的茎段纵向剖开，分成两个芽片，将剖面削平，芽片下端削成 45° 角的斜面。

5.3.5 嫁接

采用腹接的方法，将削好的芽片插入砧木嫁接口，使砧木与芽片的形成层对齐，再用白色塑料绑带自下而上覆瓦状绑紧嫁接口。绑扎过程中，轻扶芽片，芽片与砧木形成层应对齐。根据不同地区蚂蚁为害程度，嫁接后可在砧木基部撒蚂蚁药，以市售的颗粒饵剂为好。

5.3.6 第一次剪砧

嫁接好后保留砧木主干一对一级分枝和部分叶片，剪除主干顶端。

5.3.7 解绑

月均温 26℃以上，芽接后 1 个月可解绑；月均温 24℃以下，芽接后 45 d 才能解绑。解绑时轻割芽片两侧的捆绑带，露出芽点即可，待芽点萌发后，即可把绑带全部解开。

5.3.8 第二次剪砧

待接穗长 10～20 cm，从嫁接口上 2～3 cm 处把砧木剪除。

5.4 嫁接后抹芽

应及时剪除砧木上的萌芽。

6 扦插苗繁育

6.1 插床准备

6.1.1 按 4.1 的要求选择苗圃地。

6.1.2 选择好地块后，先深翻土壤 20 ~ 30 cm，耙细并清除石块、树根等杂物，暴晒土壤 7 d。

6.1.3 在平整好的苗圃地筑床，用干净的中细河沙和椰糠对半混匀作插床基质，厚 15 ~ 20 cm，插床上搭盖遮阴棚，高 1.8 ~ 2.0 m，荫蔽度为 70% ~ 80%。

6.2 消毒

扦插前 5 ~ 7 d 用 50% 多菌灵可湿性粉剂 600 倍液喷淋插床及四周。

6.3 扦插时期

以 3—4 月为宜。

6.4 插条培养

将高产无性系母树主干拉弯，从母树基部抽生出的直生枝用于培养插条。

6.5 插条准备

必须在清凉的清晨进行摘枝修剪，上午 10 时前完成作业。选取 7 月龄、绿色未木栓化、芽点饱满的健壮直生枝。取顶芽下部第 2 ~ 5 节，在每节正上方将插条分为多个茎段，每个茎段带有 1 对叶片，较长的叶片剪掉一部分。用利刀将剪口削平，并由上而下将削好的茎段纵向剖开，分成两个插条，下端削成 45° 角的斜面。

6.6 扦插

削好的插条用 200 ~ 300 mg/L 萘乙酸（NAA）或吲哚丁酸（IBA）溶液浸泡 1.0 ~ 1.5 h。扦插前插床浇透水，用直径约 1.5 cm 小木棍在插床上戳 5 ~ 7 cm 深的洞，直插或斜插（倾斜 45° 角）均可，扦插深度以埋到叶节处、株距以叶片互相不遮蔽为宜，行距 10 ~ 15 cm。插入插条后，用手轻轻捏压基部四周，压实基质，扦插后淋足水。插床上方搭盖塑料薄膜拱棚，高约 50 cm。

6.7 移苗装袋

6.7.1 育苗袋规格

按 4.4.2 规定执行。

6.7.2 营养土配制

按 4.4.3 规定执行。

6.7.3 起苗

6.7.3.1 在插条长出二级侧根时起苗装袋，一般为在扦插后 90 d 左右可起苗。

6.7.3.2 起苗应达到一定深度，少伤侧、须根，保持根系完整和不折断苗，随起苗随种。

6.7.4 移苗

先在袋底垫入适量的底土，手持苗将苗放入底土上，用铲子将营养土填入，轻轻将袋内的营养土压实。移栽过程中不要碰断苗根、叶片和萌芽。扦插苗根系过大，适当剪短，留 10 cm 左右即可。移苗后淋足定根水。

6.7.5 移苗后管理

移苗后至长出 5 对真叶前荫蔽度以 70% ~ 80% 为宜；5 对真叶后，荫蔽度可减至 60% ~ 70%。

6.7.6 炼苗

移苗后 7 ~ 8 个月时，参照 4.7 的要求进行炼苗。

7 土壤管理

除草应遵循"早除、勤除、除尽"的原则，做到袋内、床面和步道上无杂草。适时松土，育苗袋内营养土下沉，需及时填满。

8 水肥管理

8.1 根据土壤墒情淋水，晴天可每天淋透水 1 次，生根后次数可适当减少。天气连续干旱应增加淋水次数。雨后及时排出积水。

8.2 在幼苗长出 2 ~ 3 对真叶后开始施水肥，遵循勤施、薄施的原则。根据幼苗长势，追施三元复合肥（15-15-15）0.2% ~ 0.5% 水溶液。施肥时应掌握勤施、薄施，出圃前可适当减少水肥施用量。

9 病虫害管理

主要病害防治参照 T/HNBX 112 规定执行。

10 种苗出圃

出圃时种苗质量应达到 T/HNBX 114 的规定。

附录四 NY/T 922—2004

咖啡栽培技术规程

1 范围

本标准规定了小粒种咖啡（*Coffea arabica* L.）园地选择、园地规划、园地开垦、种植、土壤管理、水分管理、施肥管理、整形修剪、病虫害综合防治以及采收、加工、分级和包装等技术。

本标准适用于小粒种咖啡栽培。

2 规范性引用文件

下列文件中的条款通过本标准的引用而成为本标准的条款。凡是注日期的引用文件，其随后所有的修改单（不包括勘误的内容）或修订版均不适用于本标准，然而，鼓励根据本标准达成协议的各方研究是否可使用这些文件的最新版本。凡是不注日期的引用文件，其最新版本适用于本标准。

GB 4284　农用污泥中污染物控制标准

GB 4285　农药安全使用标准

GB 5084　农田灌溉水质标准

GB 8321　城镇垃圾农用控制标准

GB/T 8321　农药合理使用准则

NY/T 359　咖啡　种苗

NY/T 604　生咖啡

NY/T 606　小粒种咖啡初加工技术规范

NY/T 5023　热带水果产地环境条件

3 园地选择

3.1 气候条件

年平均气温 18.5 ~ 21℃，≥10℃年活动积温≥6 800℃，最低月平均气温≥

11.5℃，极端最低气温 >0℃，基本无霜。年平均降水量 1 000 ~ 1 800 mm，年平均相对湿度 >70%，干燥度 <1.5；降水量 <1 000 mm，花期与幼果期干旱地区应选择具有水源灌溉的土地。静风环境，年平均风速 <1.5 m/s。

3.2 地貌条件

我国东南部地区选择海拔 300 m 以下；西部高原地区选择海拔 700 ~ 1 000 m 地区，一般不宜超过 1 200 m。宜选低山、丘陵、平缓台地；一般不选冷空气排泄不畅且易于沉积的低凹地、低台地、冷湖区、峡谷及沟箐。冬季气温较高（月均温 >13℃，极端最低温 >1℃）地区可选用阳坡、半阴坡、缓阴坡；冬季气温较低（月均温 <13℃，极端最低温 <1℃）地区宜选阳坡；冬季强平流型为主降温区宜选背风坡。坡度选用 <20° 地段。辐射型低温区选用中、上坡位；平流型低温区宜选中、下坡位。

3.3 土壤条件

宜选赤红壤、砖红壤；pH5.5 ~ 6.8；土层厚度 0.8 m 以上，地下水位 1 m 以下，排水良好；土壤疏松肥沃，壤土或砂壤土，有机质含量 1% 以上。

3.4 环境条件

园地环境条件应符合 NY/T 5023 热带水果产地环境条件的规定。

4 咖啡园规划

4.1 园区道路规划

4.1.1 园区田间道

居民点至咖啡园主要道路，路基宽一般 3 ~ 4 m，路面宽 3 m，纵坡 <8%，弯道半径 >15 m。

4.1.2 园区生产路

园内作业与运输道路，连接田间道，路面宽一般 2 m，纵坡 <10%，弯道半径 >10 m。

4.1.3 步行道

园中步行道路，山丘坡地在梯地间设置之字路，路面宽 1 m 左右。

4.2 排灌系统规划

4.2.1 园地排灌渠系布局

山丘区斗渠一般沿较小的分水岭或等高线布置；农渠一般垂直于等高线

或等高梯地布设，并修筑护砌和跌水设施；毛渠为园地直接灌溉渠道，其间距与梯地带距相同，沿种植带布局；排水沟沿山坡凹箐布置。平坦咖啡园斗渠与农渠应成 90° 布局，农渠间平行布置。每条农渠灌地面积控制在 20 hm² 左右。

4.2.2 灌溉类型

缓坡地、平台地可采用沟渠引水沟灌；水源缺乏或不稳定地区，在林段适当位置建造若干水肥池，结合沤肥浇灌。水肥池容积视管理面积而定。

地形复杂、坡度较大、水源相对较高园区，可采用固定或半固定管理式喷灌系统，或将水引入园中贮水池浇灌。

4.2.3 排灌工程

水源、土壤、降水及时空分布，确定咖啡灌水定额，计算需水量，按布局进行工程设计，测算工程量，提出主要材料与设备选型，概算投资。

4.3 防护林

4.3.1 在山脊、山顶、沟箐、风口等地段和常风较大地区，要保留或营造防护林带；台风或强风暴危害区，必须设置防护林网络。

4.3.2 水土流失严重地段设置水土保持林。水源林应严加保护，禁止砍伐与垦殖。

5 咖啡园开垦

5.1 种植密度

5.1.1 平地或 5° 以下缓坡地，一般株行距 0.8 m × 2 m，公顷植 6 240 株。

5.1.2 5° ~ 15° 坡地，一般株行距（0.8 ~ 1）m × 2 m，公顷植 4 995 ~ 6 240 株。

5.1.3 15° ~ 20° 坡地，一般株行距 0.8 m ×（2.5 ~ 3.0）m，公顷植 4 155 ~ 4 995 株。

5.2 砍岜、清园

保留防护林、水源林及园中散生独立树。雨季结束后至翌年 2 月，铲除园内高草灌丛，晒干后清园。防护林宜选速生、抗性强、适应性广、非咖啡病虫害寄主树种。

5.3 修筑梯地

5° 以下平缓园地采用十字定标；5° 以上坡地修筑等高梯地，梯地面宽

1.6～2.0 m，梯面内倾3°～5°，梯地外缘用心土筑高、宽各20 cm土埂。

5.4 挖定植沟

5.4.1 定植沟规格

定植沟的面宽一般为60 cm，沟深50 cm，沟底宽40 cm。

5.4.2 回表土施基肥

一般每株施农家肥5～10 kg，磷肥0.1～0.2 kg。于定植前半个月，将农家肥、磷肥与表土拌匀回填定植沟内，回填后土面应高于沟面15 cm以上。

6 定植

6.1 种苗质量应符合NY/T 359咖啡种苗中4.1的规定。

6.2 定植时间一般2月中旬至8月。

6.3 定植时拆除薄膜袋，分层回土压实，培土至茎基部。

6.4 定植后应浇透定根水，并覆盖根圈。

6.5 定植后发现缺苗死苗要及时补植。当年保苗率应达98%以上。

6.6 建立小区档案，记录种植面积、品种、株数、定植时间、管理措施、管理人员、产量、病虫害及自然灾害等。

7 土壤管理

7.1 园地中耕除草

7.1.1 幼龄园

定植当年至投产前每年中耕除草4～5次，可结合压青、施肥进行，雨季后深耕1次，深度为10～15 cm。

7.1.2 投产园

每年雨季期间中耕除草2～3次，雨季后深耕1次，深度为15～20 cm。

7.2 园地覆盖

7.2.1 死覆盖

宜用稻草、甘蔗叶、玉米秆等植物秸秆或塑料薄膜。秸秆覆盖根圈或种植带，覆盖物须离茎基10 cm，覆盖厚度为5 cm。薄膜覆盖仅用于幼龄园。定植后1～2年内或老树更干当年，雨结束后的11—12月结合中耕进行覆盖。

7.2.2 活覆盖

梯田外缘点播猪屎豆、三叶豆、白花灰叶豆作为荫蔽植物。幼龄园行间间种花生、黄豆、小饭豆及光叶紫花苕等一年生植物。

8 水分管理

8.1 灌水期

开花和幼果发育期间每月灌水 1 次，雨季中较长的间歇性干旱也需灌水。

8.2 灌溉方法

灌溉可用沟灌、浇灌、喷灌或滴灌等。

8.3 灌溉用水质量

应符合 NY/T 5023 热带水果产地环境条件的规定。

9 施肥管理

9.1 施肥原则

9.1.1 采用平衡施肥和营养诊断施肥方法。

9.1.2 幼龄树以氮、磷肥为主；投产树以氮、钾肥为主，适当配施磷肥和其他微量元素肥。

9.1.3 化肥、有机肥和微生物肥配合使用。

9.2 推荐使用的肥料种类

9.2.1 肥料种类详见表 1。

表 1 咖啡栽培推荐使用的肥料种类

种类	名称	简介
农家肥料	1. 堆肥	以各类秸秆、人畜粪便堆积而成
	2. 沤肥	堆肥的原料在淹水的条件下进行发酵而成
	3. 厩肥	猪、牛、羊、鸡、鸭等畜禽的粪尿与秸秆垫料堆成
	4. 绿肥	栽培或野生的绿色植物体作肥料
	5. 沼气肥	沼气液或残渣
	6. 秸秆肥	作物秸秆
	7. 饼肥	桐子饼、菜籽饼、豆饼
	8. 灰肥	草木灰、稻草灰、糠灰

续表

种类	名称	简介
商品肥料	1. 腐殖酸类肥	甘蔗滤泥、泥炭土等含腐殖酸类物质的肥料
	2. 微生物肥、根瘤菌肥	能在豆科植物上形成根瘤的根瘤菌剂
	3. 有机–无机复合肥	以有机物质和少量无机物质复合而成的肥料，如畜禽粪便加入适量的微量元素
	4. 无机肥料	
	氮肥	尿素、氯化铵、硫酸铵、碳酸铵
	磷肥	过磷酸钙、钙镁磷肥、磷矿粉
	钾肥	氯化钾、硫酸钾
	钙肥	生石灰、石灰石
	镁肥	钙镁磷肥、硫酸镁
	复合肥	二元、三元复合肥
	5. 叶面肥	
	生长辅助类	云大120、2116、高美施等
	微量元素类	含有铜、铁、锌、镁、硼、钼等微量元素的肥料

9.2.2 按 GB 4284 和 GB 8172 的规定执行，禁止使用含重金属和有害物质的城市生活垃圾、污泥、医院的粪便垃圾和工业垃圾。

9.2.3 禁止使用未经国家有关部门批准登记和生产的商品肥料。

9.3 施肥时间、方法及施用量

9.3.1 定植当年幼树

9.3.1.1 定植后1个月至雨季，施1~2次沤制水肥，每次株施2~3 kg。

9.3.1.2 雨季压青1次，每株5~10 kg，加过磷酸钙0.1 kg。

9.3.1.3 6—8月，每月施尿素1次，每次株施0.02 kg，距苗木20 cm处沟施，施后盖土；9月、10月各施复合肥、硫酸钾1次，每次株施0.025 kg，施法同尿素。

9.3.2 定植后第二年幼树

9.3.2.1 1—2月每株施农家肥5~10 kg，钙镁磷肥0.1 kg，沿冠幅外围10 cm处挖长40 cm、宽20 cm、深30 cm坑施覆土。

9.3.2.2 3—5月每月施1次沤制水肥，加1%尿素，每次株施2~3 kg。

9.3.2.3 7—9月施尿素、复合肥和硫酸钾各1次，每次株施各0.05 kg，离冠幅10 cm处沟施覆土。

9.3.3 投产树

9.3.3.1 每株年施农家肥 5~10 kg，钙镁磷肥 0.1 kg，施法同 9.3.2.1。

9.3.3.2 每年 3—5 月每月施 1 次沤制水肥，加 1% 尿素，每次株施 5 kg。

9.3.3.3 每年 6—7 月每月施尿素 1 次，每次株施 0.075 kg，沟施并覆土。

9.3.3.4 每年 8—9 月每月施肥 1 次，每次株施复合肥、硫酸钾 0.1 kg，沟施覆土。

10 整形修剪

10.1 单干整形去顶控高

10.1.1 第一次去顶

株高 120 cm 处，剪去主干顶端 1~2 节嫩梢，待抽出直生枝后，选留 1 条作延续主干，其余修除。

10.1.2 第二次去顶

在株高 180 cm 处，剪去主干顶端 1~2 节嫩梢。

10.1.3 控制株高

株高最终控制在 2 m 左右，第二次去顶后 2~3 个月检查 1 次，将延伸顶芽修除。

10.2 修芽修枝

10.2.1 修芽

一般每条一分枝在离主干 12~15 cm 外均衡保留 3~5 条二分枝，每条二分枝上保留 2 条三分枝，其余及时修除。

10.2.2 修枝

果实采收后 1~2 个月内修除枯枝、病虫枝、下垂枝和纤弱枝。徒长枝、衰老枝、直生枝要及时修除。

10.3 梢树改造

10.3.1 严重枯梢树

于 3 月前在离地 30 cm 处切干；有活枝条的则视其部位确定切干高度。

10.3.2 中部枝枯严重、上下部有结果能力的树

将中部枯枝剪去，待下部直生枝生长后代替主干。

10.3.3 中部以上枯梢树

在最下一对枯枝下方截干，保留下层枝为当年结果枝，选留新抽直生枝 1～2 条培养主干。

11 更新复壮

11.1 复壮标准

咖啡园衰老，每公顷咖啡园年产量低于 600 kg，需进行切干复壮。

11.2 切干时间

冬季低温过后的 2—3 月进行。

11.3 切干复壮方法

在主干离地 20～25 cm 处切干，切口呈马耳形，切口涂封石蜡，并加强水肥管理，切干可采取分区 1 次截干或隔行隔年轮换截干，切干后每树只保留 1～2 条健壮直生枝培育成主干，其余修除。

11.4 老咖啡园更新

投产多年咖啡树呈衰老或生势衰弱且保存株数少、产量低、根系发育不良、无复壮能力的园地进行更新，更新时将老树桩连根挖除，重新垦植。

12 病虫害防治

12.1 防治原则

贯彻"预防为主、综合防治"的植保方针，以改善咖啡园生态环境、加强栽培管理为基础，综合应用各种防治措施对病虫害进行防治。

12.2 农业防治

12.2.1 因地制宜选用抗病虫优良品种。

12.2.2 合理施肥、灌溉，提高植株抗病能力。

12.2.3 修枝整形，及时剪除病虫弱枝，保持咖啡园田间卫生，清除园周病虫野生寄主，减少病虫害侵染来源。

12.2.4 合理间种其他高干经济作物，营造咖啡生态适生环境。

12.3 物理机械防治

12.3.1 采用人工或工具捕杀咖啡天牛等成虫。

12.3.2 采取主干及枝条局部刮皮,防治害虫产卵。

12.4 生物防治

12.4.1 创造有利于害虫天敌繁衍的生态环境。

12.4.2 收集、繁殖、释放咖啡害虫天敌。

12.5 药剂防治

12.5.1 宜使用植物源杀虫剂、微生物源杀虫杀菌剂、昆虫生长调节剂、矿物源杀虫杀菌剂及低毒低残留农药。

杀虫剂:鱼藤酮、除虫菊素、苦参碱、印楝素、辛硫磷、除虫脲等。

杀菌剂:百菌清、氢氧化铜、石灰半量式波尔多液、代森锰锌、多菌灵等。

除草剂:草甘膦、百草枯等。

植物生长调节剂:赤霉素、6-苄基嘌呤等。

12.5.2 用中等毒性有机农药:杀螟丹、乐果、敌敌畏、氰戊菊酯等。

12.5.3 禁止使用剧毒、高毒、高残留的农药。

12.5.4 禁止使用未经国家有关部门登记和许可生产的农药。

12.5.5 按 GB 4285 和 GB/T 8321 的规定执行,严格掌握施用剂量、施药方法和安全隔离期。

12.6 咖啡主要病虫害防治

12.6.1 咖啡病害防治

咖啡病害主要有叶锈病、炭疽病、褐斑病、幼苗立枯病、枝梢回枯病等,其防治技术见表2。

表2 咖啡病害防治

病害名称	为害部位	药剂防治		其他方法
		推荐使用种类与浓度	方法	
咖啡锈病	叶片、幼果及嫩枝	0.5%~1.0%波尔多液或20%三唑酮乳油1 000~1 200倍液	病害流行时定期喷洒叶片,每2~3周喷1次	选用抗病良种
咖啡炭疽病	叶片、枝条及果实	0.5%~1.0%波尔多液或50%多菌灵可湿性粉剂400~500倍液	开花后2周喷第1次,后隔7~10 d喷1次,连喷2~3次	
咖啡褐斑病	叶片、果实	0.5%~1.0%波尔多液或50%多菌灵可湿性粉剂400~500倍液	开花后2周喷第1次,后隔7~10 d喷1次,连喷2~3次	

续表

病害名称	为害部位	药剂防治 推荐使用种类与浓度	药剂防治 方法	其他方法
咖啡幼苗立枯病	茎基部	0.5%波尔多液或50%多菌灵可湿性粉剂400~500倍液	喷洒畦面	增加透光度，减少淋水
咖啡枝梢回枯病	枝条及幼果	50%多菌灵可湿性粉剂400~500倍液或50%甲基硫菌灵悬浮剂800~1 000倍液	喷洒枝、干	加强园地管理，辅以修剪，园内通风透光

12.6.2 咖啡虫害防治

咖啡虫害主要有咖啡旋皮天牛、咖啡灭字脊虎天牛、咖啡绿蚧、咖啡根粉蚧、咖啡木蠹蛾等，其防治技术见表3。

表3 咖啡虫害防治

虫害名称	为害部位	药剂防治 推荐使用种类与浓度	药剂防治 方法	其他方法
咖啡旋皮天牛	树干、茎基部皮层	10份水+6份石灰+0.5份硫黄+0.2份食盐或80%敌敌畏乳油150倍液	混合液涂刷咖啡茎基部	清除野生寄主，消灭越冬害虫。挖除受害植株，人工捕杀
咖啡灭字脊虎天牛	树干、枝条木质部	10份水+6份石灰+0.5份硫黄+0.2份食盐或80%敌敌畏乳油150倍液	混合液涂刷树干及枝条	人工捕杀，刮去木栓化主干粗糙树皮，繁衍天敌
咖啡绿蚧	嫩叶	20%甲氰·乐果乳油600~800倍液	开花前喷雾，连续2~3次	保护和利用天敌
咖啡根粉蚧	根部	20%甲氰·乐果乳油600~800倍液	灌根	挖除受害植株
咖啡木蠹蛾	树干、枝条	50%敌敌畏乳油10倍液	堵虫洞	剪除被害枝条并烧毁

12.7 采收、加工、分级、包装、标志、贮存和运输

12.7.1 采收、加工

按 NY/T 606 小粒种咖啡初加工技术规范的规定执行。

12.7.2 分级、包装、标志、贮存和运输

按 NY/T 604 生咖啡的规定执行。

说明：

本标准由中华人民共和国农业部提出并归口。

本标准起草单位：云南省热带作物学会、云南省德宏热带农业科学研究所。

本标准主要起草人：周仕峥、李维锐、洪龙汉、何普锐、李文伟。

附录五 DB 46/T 274—2014

中粒种咖啡栽培技术规程

1 范围

本标准规定了中粒种咖啡（*Coffea canephora* Pierre ex Froehner）园地选择与规划、开垦与定植、土壤管理、水分管理、施肥管理、整形修剪、病虫害防治和采收等技术要求。

本标准适用于中粒种咖啡栽培。

2 规范性引用文件

下列文件对于本文件的应用是必不可少的。凡是注日期的引用文件，仅所注日期的版本适用于本文件。凡是不注日期的引用文件，其最新版本（包括所有的修改单）适用于本文件。

GB 4285　农药安全使用标准

GB/T 8321　（所有部分）农药合理使用准则

NY/T 359　咖啡　种苗

NY/T 394　绿色食品　肥料使用准则

NY 5023　无公害食品　热带水果产地环境条件

3 园地选择与规划设计

3.1 园地选择

3.1.1 立地条件

选择海拔高度 800 m 以下、排灌条件良好的平地、台地、缓坡地或丘陵地。

3.1.2 土壤条件

选择土层深厚、土质疏松、有机质丰富、土壤 pH 5.5～6.8、地下水位 1 m 以下的壤土或砂壤土。

3.1.3 环境条件

选择常风较小、年降水量 1 000 mm 以上地块。土壤、灌溉水和空气质量应符合 NY 5023 的规定。

3.2 园地规划设计

3.2.1 小区

小区面积 3~4 hm^2，长方形或正方形。

3.2.2 道路系统

道路系统由主干道、支道和田间小道组成。其中主干道宽 3~4 m，与园外道路相连；支道宽 2~2.5 m，与主干道相连；田间小道宽 1 m，与支道相连。

3.2.3 排水系统

排水系统由环园大沟、园内纵沟和垄沟或梯田内侧小沟组成。环园大沟设在园地和防风林之间，距离防护林 2 m，沟宽 80 cm、深 60~80 cm。园内每隔 30~40 m 开 1 条垂直于垄面或梯田面纵沟，沟宽 40 cm、深 30~40 cm。垄沟或梯田内侧小沟与纵沟相连。

3.2.4 灌溉系统

宜设置喷灌或滴灌系统。

3.2.5 水肥池

每 2~3 hm^2 建造 1 个水肥池，水肥池容积 10~18 m^3。

3.2.6 防风林

结合小区、道路、排灌系统设置防风林，林带宽 4~6 m。防风林可种植木麻黄、母生、竹柏等抗风能力强的树种，株行距为 1 m×1.5 m，距离咖啡园 4~5 m。

4 开垦与定植

4.1 园地开垦

4.1.1 整地

将园地杂草、灌木、石头等杂物清理干净。平地或坡度 5°以下平缓地充分犁翻土壤后平整土地，犁翻深度为 30~40 cm；坡度 5°以上坡地修筑等高梯田，梯田面宽 2~3 m，梯面内倾 3°~5°。

4.1.2 植穴准备

定植前开挖植穴,面宽 × 深度 × 底宽为 60 cm × 50 cm × 40 cm。定植前 15 d 回土,先将表土回至穴的 1/3 处,后将 5 ~ 10 kg 腐熟有机肥、0.25 ~ 0.5 kg 钙镁磷肥与底土充分混匀回穴。回穴后植穴位置应稍高于地面。

4.1.3 种植荫蔽树

定植前 3 个月,在咖啡行间种植 1 行山毛豆或木豆等临时荫蔽树,株距 50 cm;在咖啡行间种植台湾相思、银合欢、椰子、槟榔等永久荫蔽树,槟榔株行距为 2.5 m × 5 m,其他树种株行距为 7.5 m × 12.5 m。

4.2 定植

4.2.1 品种选择

选择热研 1 号、热研 2 号等高产无性系品种。

4.2.2 种苗质量

应符合 NY/T 359 的要求。

4.2.3 定植时期

除冬季外,其他季节均可定植,以春季定植为宜。定植时间宜选择阴天或晴天下午。

4.2.4 定植密度

平地或坡度 5° 以下平缓地,株行距 2.5 m × 2.5 m;坡度 5° 以上坡地,株距 2.5 m,行距视梯田面宽而定。每公顷定植 1 300 ~ 2 000 株。

4.2.5 定植方法

在植穴中心位置挖 1 个稍大于袋装苗土团的小穴,拆除营养袋,将苗置于植穴内,土团表面与地面平齐,分层回土并压实,保持土团不松散,回土至土团以上 2 cm 处。植后应淋足定根水,用椰糠、秸秆等材料覆盖树盘。

5 土壤管理

5.1 除草

定植后 6 个月内宜采用人工除草,每月 1 ~ 2 次。定植 6 个月后可采用机械或化学除草,使用除草剂时切勿喷到咖啡树体。

5.2 覆盖

树盘、树盘及株间带状周年覆盖椰糠、秸秆、绿肥等材料,厚度 10 cm 左右。

6 水分管理

6.1 灌溉

花期、果实发育期及成熟期应及时灌水,保持土壤湿润。灌溉方式宜选用浇灌、喷灌、滴灌等方式,避免漫灌。

6.2 排水

雨季应及时排除园内积水。

7 施肥管理

7.1 肥料种类

允许使用的有机肥和化肥应符合 NY/T 394 的要求。

7.2 施肥量及方法

7.2.1 幼龄树施肥

幼龄树施肥应掌握勤施薄施的原则。定植后 2 年内,每月施 1 次稀释 5 倍的水肥,水肥中可加入占其质量 1% 的尿素或复合肥(15-15-15),单株每次施用水肥 2～3 kg。沿树冠外围挖半圆形浅沟淋施,施后盖土。有条件的可采用水肥一体化设施进行施肥。

7.2.2 结果树施肥

每年 3—5 月单株混施有机肥 5～10 kg、钙镁磷肥 100～150 g 和尿素 150～200 g,沿树冠外围在行间或株间挖深 30 cm、宽 20 cm 的沟施入,施后盖土。6—8 月、9—11 月单株施尿素和氯化钾各 80～120 g,沿树冠外围挖半圆形浅沟撒施,施后盖土。12 月至翌年 2 月叶面喷施 0.5% 尿素水溶液、0.2%～0.3% 磷酸二氢钾水溶液各 1 次。有条件的可采用水肥一体化设施进行施肥。

8 整形修剪

8.1 打顶及修剪

定植后植株长至 1.5 m 时,打顶 20～30 cm,打顶后选留顶端 1 条生长健壮的直生枝作为延续主干,翌年 4—5 月再次打顶,控制树体高度在 1.8 m 左右,及时剪除其余直生枝,一级分枝上每节保留粗壮二级分枝 1～2 条,要求二级分枝分布均匀。

8.2 截干更新

8.2.1 截干时期与对象

宜在4—5月对树势衰弱、产量明显下降的咖啡园进行截干更新。

8.2.2 截干方法

在主干离地20～30 cm处截干，要求截口平滑、倾斜45°，用枝叶覆盖截口。

8.2.3 截干后管理

离树桩1.2 m处向外挖深30 cm、宽20 cm半圆形沟，每株施有机肥5～10 kg，6个月内每月施水肥1次。遇干旱天气及时灌溉。树桩萌芽后，及时去除截口上的覆盖物。选留树桩上萌生的分布均匀、生长粗壮的直生枝2～3条作为新主干，及时抹除树桩上多余新芽及直生枝。新主干打顶及修剪按8.1方法进行，其他后期管理按结果树管理。

8.3 芽接换种

8.3.1 芽接换种时期

采用实生苗定植的低产植株应芽接高产无性系芽片。宜在3—5月芽接换种，雨天不宜芽接。

8.3.2 砧桩准备

按8.2方法进行准备。

8.3.3 芽片准备

以热研1号、热研2号等高产无性系咖啡母树上绿色未木质化且粗壮、节间短、芽点饱满的直生枝为芽条。将芽条剪成3～4 cm茎段，剪口上端离芽点1 cm，剪口下端离芽点2～3 cm，削平剪口，将茎段纵向剖开分成两个芽片，削平剖面，芽片下端削成45°斜面。

8.3.4 芽接方法

以树桩上选留的直径为0.8～1.6 cm且充分木质化的直生枝为砧木。在离萌生部位5～10 cm处开芽接口，插入芽片，对齐砧木与芽片形成层，用白色塑料绑带自下而上覆瓦状绑紧，在绑带下端砧木上涂抹辛硫磷等杀虫剂。

8.3.5 芽接后管理

芽接 30 ~ 40 d 后解绑。对芽片新鲜呈绿色的即可截顶,第一次截顶时砧木上保留 1 对分枝,待芽片上萌芽至 3 ~ 5 cm 长时,从芽接口上端以上 2 ~ 3 cm 处剪除砧木。除芽片上的芽外,应及时将其余萌芽全部抹除。由芽片上形成的新主干打顶及修剪按 8.1 方法进行,其他管理按结果树管理。芽接不成活的应及时补接。

9 病虫害防治

9.1 防治原则

贯彻"预防为主,综合防治"的植保方针。以改善园区生态环境,加强栽培管理为基础,综合应用各种防治措施,优先采用农业防治、生物防治和物理防治等方法。化学防治按照 GB 4285 和 GB/T 8321 中有关规定执行。

9.2 主要病害防治

主要病害有炭疽病、细菌性叶斑病,防治方法参照附录 A。

9.3 主要害虫防治

主要害虫有黑(枝)小蠹、绿蚜、根粉蚧,防治方法参照附录 A。

10 采收

10.1 采收时期

12 月中旬至翌年 4 月下旬。

10.2 采收标准

当咖啡果实表皮由绿色变为红色时即可采收。

10.3 采收方法

分批人工采收红熟果实,勿损伤枝条、叶片、花芽和未成熟果实。

附录 A （资料性附录）
中粒种咖啡主要病害、害虫防治

表 A.1 规定了中粒种咖啡主要病害、害虫防治。

表 A.1　中粒种咖啡主要病害、害虫防治

	名称	为害部位	防治时期	推荐使用药剂及浓度	防治方法
病害	炭疽病	叶片、果实	3—5月、9—11月	0.5%～1.0%波尔多液，或75%百菌清可湿性粉剂500倍液，或50%多菌灵可湿性粉剂500倍液	采摘患病叶片集中填埋，病害流行期每隔7～10 d喷药1次，连续喷药2～3次
	细菌性叶斑病	叶片、果实	11月中旬至翌年3月	77%氢氧化铜可湿性粉剂500～800倍液	采摘患病叶片集中填埋，病害流行期每隔2周喷药1次
害虫	黑（枝）小蠹	结果枝	3—7月、11月至翌年3月	2.5%溴氰菊酯乳油1 000倍液，或48%毒死蜱乳油1 000倍液	1—3月，成虫越冬期，全园清除虫枝、枯枝，并集中处理。3—7月田间枯枝随时出现随时修剪、处理，并在12:00—14:00喷药防治
	绿蚧	叶片、嫩梢、花、幼果	2—6月	25%噻嗪酮可湿性粉剂1 000～2 000倍液，或48%毒死蜱乳油1 000倍液	为害高峰期每隔7～10 d喷药1次，连续喷药2～3次
	根粉蚧	根系	3—7月	25%噻嗪酮可湿性粉剂1 000～2 000倍液，或48%毒死蜱乳油1 000倍液	喷淋根颈处，每月淋药1次，连续淋药3次

说明：

本标准由中国热带农业科学院香料饮料研究所提出。

本标准由海南省农业厅归口。

本标准起草单位：中国热带农业科学院香料饮料研究所。

本标准主要起草人：孙燕、董云萍、林兴军、闫林、王晓阳、黄丽芳、陈鹏。

附录六　T/HNBX 128—2021

槟榔咖啡复合栽培技术规程

1　范围

本文件规定了槟榔咖啡复合栽培的园地选择与规划、开垦定植、土壤管理、水分管理、施肥管理、整形修剪、病虫害防治等技术要求。

本文件适用于海南地区槟榔中粒种咖啡复合栽培种植园的建立和园地管理，不适用于在坡度较大无梯田的槟榔园中配植咖啡。

2　规范性引用文件

下列文件中的内容通过文中的规范性引用而构成本文件必不可少的条款。其中，注日期的引用文件，仅该日期对应的版本适用于本文件；不注日期的引用文件，其最新版本（包括所有的修改单）适用于本文件。

NY/T 358　咖啡　种子种苗

NY/T 496　肥料合理使用准则　通则

NY/T 3603　热带作物病虫害防治技术规程　咖啡黑枝小蠹

DB46/T 77　槟榔生产技术规程

DB46/T 274　中粒种咖啡栽培技术规程

DB46/T 543　槟榔

3　术语和定义

下列术语和定义适用于本文件。

3.1　槟榔咖啡复合栽培

指在同一土地经营单位上，按照生态学和生态经济学原理，把槟榔与咖啡有机地组合在一起的一种栽培模式。

3.2 槟榔单作园配植咖啡

在已有单作槟榔园内，离槟榔树一定的距离合理配植咖啡植株，从而形成槟榔咖啡复合栽培模式。

3.3 咖啡单作园配植槟榔

在已有单作咖啡园内，离咖啡树一定的距离合理配植槟榔植株，从而形成槟榔咖啡复合栽培模式。

4 园地选择与规划

4.1 立地条件、环境条件、土壤条件

新建槟榔园地条件选择参照 DB46/T 543 执行；新建咖啡园地条件选择参照 DB46/T 274 执行。

4.2 复合栽培配植方式

4.2.1 对角线交叉点配植

在平缓的新建园地，咖啡和槟榔株行距均为 2.5 m×3.0 m，每公顷种植咖啡和槟榔各 1 320 株，合计 2 640 株 /hm^2。定标时先按株行距 2.5 m×3.0 m 定好咖啡的位置，再把 4 株咖啡围成的长方形对角线交叉点处定为槟榔的位置，咖啡的位置点和槟榔的位置点需用不同颜色的竹签标记好，以方便后期按正确的位置定植槟榔和咖啡。种植图见附录 A 图 A.1。

4.2.2 交替配植

在新建的平缓或梯田园地，咖啡和槟榔株行距均为 4.0 m×6.0 m，每公顷种植咖啡和槟榔各 825 株，合计 1 650 株 /hm^2。定标时按株行距 2.0 m×3.0 m 定好挖穴位置，1 行按 1 株咖啡 1 株槟榔，紧接着另 1 行按 1 株槟榔 1 株咖啡，依次交替种植。种植图见附录 A 图 A.2。

4.2.3 已有槟榔（咖啡）平缓园地对角线交叉点配植

在原槟榔（咖啡）平缓园地，按 4.2.1 的方法，将 4 株（咖啡）围成的长方形对角线交叉点处定为咖啡（槟榔）定植位置，做好挖穴标记。

4.2.4 已有槟榔（咖啡）梯田地"品"字形配植

在原槟榔（咖啡）梯田种植行上两株槟榔（咖啡）株间中点向梯田内侧延长线适当位置定为咖啡（槟榔）定植位置，配植的咖啡（槟榔）与原槟榔（咖啡）植株形成"品"字形排列。种植图见附录 A 图 A.3。

4.3 道路系统、排水系统、灌溉系统

参照 DB46/T 274 执行。

5 开垦与定植

5.1 整地

清理园地杂草、灌木、石头等杂物,坡度 5°以上坡地修筑等高梯田或环山行,田面宽 2.0～2.5 m,田面内倾 3°～5°。

5.2 植穴准备

5.2.1 槟榔植穴

定植前 1—2 月开挖植穴,面宽×深×底宽为 50 cm×50 cm×40 cm,挖穴时将底土和表土分开,定植前 15 d 回土,先将表土与 10 kg 腐熟有机肥、0.5 kg 钙镁磷肥混匀填于植穴的下层,底土覆于上层,回穴后植穴表面高于地面 3～5 cm。

5.2.2 咖啡植穴

面宽×深×底宽为 50 cm×50 cm×40 cm,每穴施腐熟有机肥 5 kg、钙镁磷肥 0.25 kg。开挖时间、挖穴、施基肥、回穴方法同 5.2.1。

5.3 种苗准备

5.3.1 槟榔

品种宜选择"热研 1 号"槟榔。种苗选择有 4 片浓绿叶片、高 60 cm 的一年生无病虫害健壮苗定植,质量符合 DB46/T 543 要求。

5.3.2 咖啡

品种宜选择"热研 1 号""热研 3 号""热研 5 号""大丰 1 号"咖啡。种苗选用 6～8 个月龄实生苗或嫁接苗定植,质量符合 NY/T 358 要求。

5.4 定植时期

以春季、秋季定植为宜。定植时间宜选择阴天或晴天下午,土壤湿度过大不宜定植。在已有咖啡园配植槟榔,最好在咖啡截干更新时定植槟榔。

5.5 定植方法

定植方法如下:

(1)在植穴中心位置挖 1 个稍大于袋装苗土团的小穴;

（2）拆除营养袋，将苗置于植穴内，土团表面与地面平齐；

（3）分层回土并压实，保持土团不松散，回土至土团以上 2 cm 处；

（4）修筑树盘，树盘土面高度低于外围地面 3～5 cm；

（5）淋足定根水；

（6）用秸秆、椰糠等材料覆盖树盘，覆盖物距离树干基部 2 cm 左右。

5.6 植后管理

槟榔参照 DB46/T 77，咖啡参照 DB46/T 274 规定执行。

5.7 补换植

定植 20～30 d 后检查种苗成活情况，应及时清理死株、弱株，并补植或换植种苗。

6 土壤管理

6.1 防杂草

幼龄期在行间种植矮生豆科绿肥、蔬菜等覆盖作物，或覆盖防草地膜。一年生豆科绿肥宜在盛花期至谢花期将其翻耕埋入土壤，以增加土壤有机质和养分。

6.2 中耕除草

幼龄园，每年应除草 2～3 次，保持树盘无杂草；结合除草进行培土，把露出土面的槟榔肉质根埋入土中。

7 水分管理

7.1 灌溉

根据天气及土壤墒情，及时灌溉。

7.2 排水

雨季应及时排除园内积水。

8 施肥管理

8.1 施肥原则

考虑槟榔和咖啡生长对养分需求进行合理施肥推荐。施肥总量不宜超过单作的总和。按 NY/T 496 的规定执行，合理协调有机无机养分比例，增施有机肥，控制化肥施用量，提高肥料利用率。

8.2 幼龄树施肥

槟榔和咖啡统一进行施肥管理,推荐 $N:P_2O_5:K_2O$ 为 25:5:15 的复合肥,每年施肥 3 次。2—3 月每株每次施有机肥 2～3 kg、复合肥 50～70 g,沿树冠外围挖宽 30 cm、深 20 cm 的半圆形施肥沟,施入肥料后覆土;6—8 月、9—10 月各施 1 次复合肥 50～70 g,沿树冠外围挖深 10 cm 半圆形浅沟撒施,施后盖土;干旱季节结合灌溉,施 0.5% 的水溶性复合肥,每株每次 2～3 kg。

8.3 结果树施肥

槟榔和咖啡统一进行施肥管理,推荐 $N:P_2O_5:K_2O$ 为 20:8:17 的复合肥,每年施肥 3 次。2 月施催花肥,每公顷施有机肥 4 500～7 500 kg、复合肥 375 kg,沿槟榔或咖啡行间或株间挖宽 30 cm、深 20 cm 的长条形施肥沟,施入肥料后覆土;壮果肥 6—7 月,施复合肥 225 kg/hm^2;供果肥 8—9 月,每公顷施尿素 225 kg、氯化钾 150 kg。沿槟榔或咖啡株间或行间挖深 10 m 长条形浅沟撒施,施后盖土。施肥位置交替轮换。

8.4 槟榔叶面肥

每年 3—4 月和 11—12 月,结合病虫害防治,喷施锌硼钾钙镁,或磷酸二氢钾等叶面肥 2～3 次,喷施浓度按照产品说明书。

9 整形修剪

9.1 多干整形

定植后第 1 年,保留从树干基部萌生的健壮直生枝 2～3 条,培养成多干树形。在植株营养生长旺盛的 5—9 月,及时抹除主干上萌生的直生枝,结果 3～4 年后,进行截干更新。宜在果实采收结束的 4—5 月,在主干离地 20～30 cm 处截干,要求截口平滑、倾斜 45°,截口可用塑料薄膜包裹绑紧,待主干萌芽后去除。选留树桩上萌生的分布均匀、生长粗壮的直生枝 2～3 条作为新主干,及时抹除树桩上萌生的新芽。

9.2 单干整形

9.2.1 打顶

咖啡植株定植后 18 个月,株高为 150～160 cm 时,在 4—6 月,从第 13 对一级分枝上方进行第一次截顶,去除高度 30～40 cm,与此同时,将第 12 和第 13 对一级分枝顶端 2～3 节剪去;截顶后选留顶端 1～2 条直生枝作为延续主干，待其高度达到60～80 cm时进行第二次截顶，去除顶端1～2节，打顶后不再留直生枝，控制树体高度在1.8～2.0 m。

9.2.2 修芽

及时抹除主干上萌发的直生枝。二级分枝修剪遵循去弱留强、留芽均匀的原则。对处于植株上部光照条件好的第12和第13对一级分枝,可间隔1～2个节位、每节位1条二级分枝，每条一级分枝上选留2～3条二级分枝。其余一级分枝选留靠中外部的节上萌发的二级分枝1～2条。在营养生长旺盛的5—9月，应每月对二级分枝进行修剪，及时去除新萌发的多余二级分枝。

10 病虫害防治

槟榔主要防治红脉穗螟、介壳虫、椰心叶甲等害虫，炭疽病、细菌性叶斑病等主要病害，防治方法参照DB46/T 77；咖啡防治黑枝小蠹、介壳虫等害虫，防治方法参照NY/T 3603。

附录A （规范性）
槟榔咖啡复合栽培配植图

A.1 槟榔咖啡复合栽培的对角线交叉点配植图

图A.1为槟榔咖啡复合栽培的对角线交叉点配植图。

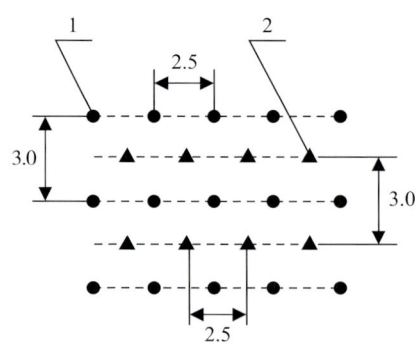

标引序号说明：
1——咖啡；
2——槟榔。

图A.1 对角线交叉点配植

A.2 槟榔咖啡复合栽培的交替配植图

图 A.2 为槟榔咖啡复合栽培的交替配植图。

单位：m

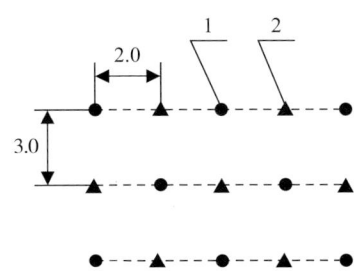

标引序号说明：
1——咖啡；
2——槟榔。

图 A.2 交替配植

A.3 槟榔咖啡复合栽培的"品"字形配植图

图 A.3 为槟榔咖啡复合栽培的"品"字形配植图。

单位：m

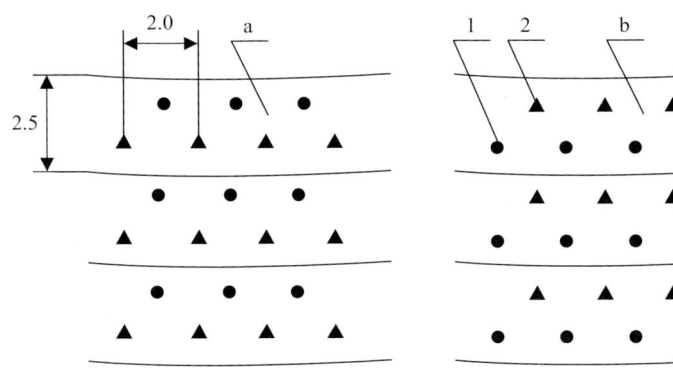

标引序号说明：
1——咖啡；
2——槟榔；
a——已有槟榔园配植咖啡；
b——已有咖啡园配植槟榔。

图 A.3 "品"字形配植

说明：

本文件由中国热带农业科学院香料饮料研究所提出。

本文件由海南省标准化协会归口。

本文件起草单位：中国热带农业科学院香料饮料研究所、海南兴科热带作物工程技术有限公司、海南农垦热作产业集团有限公司、正大（海南）兴隆咖啡产业开发有限公司。

本文件主要起草人：董云萍、张昂、黎秀元、赵青云、孙燕、龙宇宙、闫林、宗迎、李晓秋和黄海文。

附录七 T/HNBX 127—2021

咖啡果皮堆肥及应用技术规程

1 范围

本文件规定了咖啡果皮堆肥及应用技术的堆肥场地、堆肥工艺、腐熟度及咖啡果皮肥应用等技术要求。

本文件适用于海南咖啡鲜果初加工咖啡果皮的堆肥及肥料化利用。

2 规范性引用文件

下列文件中的内容通过文中的规范性引用而构成本文件必不可少的条款。其中，注日期的引用文件，仅该日期对应的版本适用于本文件；不注日期的引用文件，其最新版本（包括所有的修改单）适用于本文件。

GB/T 6682　分析实验室用水规格和试验方法

GB 20287　农用微生物菌剂

GB/T 36195　畜禽粪便无害化处理技术规范

NY/T 525　有机肥料

NY/T 1868　肥料合理使用准则　有机肥料

NY/T 3442　畜禽粪便堆肥技术规范

3 术语和定义

NY/T 3442 界定的以及下列术语和定义适用于本文件。

3.1 咖啡果皮

指咖啡鲜果初加工过程中产生的果皮、果肉、种壳的总称。

3.2 堆肥

在人工控制条件下（水分、碳氮比和通风等），通过微生物的发酵，使有机物被降解，并生产出一种适宜土地利用的产物的过程（参照 NY/T 3442）。

3.3 辅料

用于调节堆肥原料含水率、碳氮比、通透性等的物料（参照 NY/T 3442）。

3.4 条垛式堆肥

将混合好的物料堆成条垛进行好氧发酵的堆肥工艺（参照 NY/T 3442）。

4 堆肥场地要求

4.1 堆肥场地宜靠近咖啡初加工厂（应符合国家现行法律法规）。

4.2 堆肥场地应采取地面硬化、防渗漏、防径流和雨污分流等措施（参照 GB/T 36195）。

4.3 堆肥成品存储区应干燥、通风、防晒、防雨淋。

5 堆肥工艺

5.1 物料预处理

收集咖啡果皮，添加畜禽粪便等有机辅料，按咖啡果皮∶辅料质量比为（70%~90%）∶（30%~10%），混合均匀，调节水分含量至55%~65%，碳氮比（C/N）为（20~40）∶1。

5.2 添加菌剂

腐熟菌剂添加量宜为堆肥物料质量的0.1%~0.2%，与堆肥物料混匀。腐熟菌剂至少应包括分解果皮纤维素、半纤维素、木质素和果胶的菌种。产品应符合 GB 20287 的要求。

5.3 堆垛

将混合堆肥物料堆成高1.0~2.0 m，宽1.0~3.0 m 的堆体，堆体长度根据场地及方便操作而定。

5.4 翻堆

堆制1 d 后，堆体温度可上升至55℃以上，高温55~75℃维持10 d 以上。每2~3 d 翻堆1次（可采用翻抛机或者挖掘机，如堆体较小，也可人工翻堆）。堆体温度下降至40℃以下后可停止翻堆。保持常温15~30 d，堆体颜色变黑，完成发酵。

6 腐熟度

取堆制后的咖啡果皮肥，按照 NY/T 525 的方法测定种子发芽指数（GI），当 $GI \geq 70\%$，表明肥料可以安全使用。测定方法见附录 A。

7 咖啡果皮肥应用

7.1 应用原则

参照 NY/T 1868，根据果皮肥料本身的性质（养分含量、C/N、腐熟程度）、作物种类、土壤肥力水平和理化性状、气候条件等，合理安全施用有机肥料，可用于育苗基质、大田作物施用、土壤改良等。

7.2 作为育苗基质

按果皮肥与土壤质量的 2%～4% 或体积的 7%～15% 添加果皮肥，混合均匀后用于繁育袋装苗木。

7.3 大田作物施肥

可作为咖啡、胡椒、香草兰、槟榔、椰子、橡胶、果树、茶、蔬菜等作物深翻改土基肥使用，推荐每公顷施肥量 4 500～15 000 kg。

7.4 酸性土壤改良

可用于酸性土壤改良，推荐使用量按每公顷用量 7 500～15 000 kg，通过撒施、耕翻施用。

附录 A （规范性）
种子发芽指数（GI）的测定

A.1 主要仪器和试剂

培养皿、定性滤纸、水（应符合 GB/T 6682 中三级水的规定）、往复式水平振荡机、恒温培养箱、游标卡尺。

A.2 试验步骤

称取咖啡果皮堆肥样品 10.00 g，置于 250 mL 锥形瓶中，将样品含水量折算后，按照固液比（质量/体积）1∶10 加入相应质量的水，盖紧瓶盖后垂直固定于恒温振荡器上，调节频率 100～150 次/min，振幅不小于 40 mm，在 25 ℃下震荡浸提 1 h，取下静置 0.5 h 后，取上清液于预先安装好滤纸的过滤装置上过滤，收集过滤后的浸提液，摇匀后供分析用。滤液当天使用，或在 0 ~ 4℃环境中保存不超过 48 h。

在 9 cm 培养皿中放置 1 张或 2 张定性滤纸，其上均匀放入 10 粒大小基本一致，饱满的黄瓜或萝卜种子，加入供试样浸提液 10 mL，盖上培养皿盖，在 23 ~ 27℃的培养箱中避光培养 48 h，统计发芽种子的粒数，并用游标卡尺逐一测量根长。

以水作对照，做空白试验。

A.3 分析结果的表述

种子发芽指数（GI），以 % 表示，按下列公式计算。

$$GI = \frac{A_1 \times A_2}{B_1 \times B_2} \times 100$$

式中：

A_1 —— 果皮堆肥的浸提液培养的种子中发芽粒数占放入总粒数的百分比（%）；

A_2 —— 果皮堆肥的浸提液培养的全部种子的平均根长数值（mm）；

B_1 —— 水培养的种子中发芽粒数占放入总粒数的百分比（%）；

B_2 —— 水培养的全部种子的平均根长数值（mm）。

A.4 允许差

取平均测定结果的算术平均值为最终测定结果，计算结果保留到小数点后 1 位。

平均分析结果的绝对差值不大于 5.0%。

说明：

本文件由中国热带农业科学院香料饮料研究所提出。

本文件由海南省标准化协会归口。

本文件起草单位：中国热带农业科学院香料饮料研究所、海南兴科热带作物工程技术有限公司、海南农垦热作产业集团有限公司、正大（海南）兴隆咖啡产业开发有限公司。

本文件主要起草人：赵青云、张昂、黎秀元、董云萍、谭军、孙燕、龙宇宙、闫林、宗迎、李晓秋和黄海文。

附录八 NY/T 1698—2009

小粒种咖啡病虫害防治技术规程

1 范围

本标准规定了小粒种咖啡（*Coffea arabica* L.）主要病虫害防治的原则、措施及推荐使用药剂等技术。

本标准适用于中国咖啡产区小粒种咖啡主要病虫害的防治。

2 规范性引用文件

下列文件中的条款通过本标准的引用而成为本标准的条款。凡是注日期的引用文件，其随后所有的修改单（不包括勘误的内容）或修订版均不适用于本标准，然而，鼓励根据本标准达成协议的各方研究是否可使用这些文件的最新版本。凡是不注日期的引用文件，其最新版本适用于本标准。

GB 4285　农药安全使用标准

GB/T 8321　农药合理使用准则

NY/T 359—1999　咖啡　种苗

NY/T 922—2004　咖啡栽培技术规程

3 术语与定义

3.1 台面

指咖啡园的墒。

3.2 死覆盖

指用稻草、杂草、薄膜等覆盖咖啡根部台面。

3.3 多干轮换整形

咖啡截干复壮后留 2～3 个主干轮换结果。

4 推荐使用的药剂说明

本标准推荐的药剂是经我国农药管理部门允许在果树上使用的。不得使用国家严格禁止在果树上使用的农药,当新的有效农药出现或者新的管理规定出台时,以最新的规定为准。

5 小粒种咖啡主要病虫害和防治

5.1 小粒种咖啡病虫害及其发生为害特点

5.1.1 小粒种咖啡病害及其发生为害特点参见附录 A。

5.1.2 小粒种咖啡害虫及其发生为害特点参见附录 B。

5.2 防治原则

贯彻"预防为主,综合防治"的植保方针,针对咖啡病虫害种类及发生特点,综合考虑影响病虫害发生与为害的各种因素,以农业防治为基础,协调应用检疫、生物防治、物理防治和化学防治等措施对病虫害进行安全和有效防治。

5.2.1 选择适应性和抗性强的优良品种,并严格选择健康苗木,苗木质量指标应符合 NY/T 359—1999 之要求。

5.2.2 合理布局咖啡抗锈品种种植区域。抗锈品种不得与不抗锈品种混种,以提高咖啡抗锈品种的持久抗锈性。

5.2.3 加强田间监测,掌握病虫害发生动态,及时采取控制措施。

5.2.4 加强栽培管理,提高植株抗性及营造不利于病虫害发生的环境。有关栽培管理措施参照 NY/T 922—2004 中的 7、9.3 之要求执行。

5.2.5 整形修剪参照 NY/T 922—2004 中的 10.2 之要求进行。对剪下的虫伤枝集中烧毁或放入水池浸泡 10 ~ 15 d,以彻底杀灭天牛幼虫和未出孔的成虫,减少虫源。

5.2.6 在海拔 1 000 m 以下、温度较高的种植区,推荐复合栽培技术种植咖啡,提供咖啡荫蔽条件,有利于控制咖啡早衰和天牛为害。

5.2.7 优先使用对天敌、环境和产品影响小的低毒药剂。

5.2.8 使用药剂防治时应参照 GB 4285 和 GB/T 8321 中的有关规定,严格掌握其浓度和用量、施用次数、施药方法和安全间隔期,并进行药剂的合理轮换使用。

5.3 主要病虫害的防治

5.3.1 咖啡锈病

5.3.1.1 防治措施

5.3.1.1.1 加强抚育管理，合理施肥、灌溉、修枝整形，适当种植荫蔽树，使咖啡生长良好，增强抗病力。在早春使用药剂1次，减少初侵染源。在流行期每20~30 d喷药1次，以预防锈病发生。

5.3.1.1.2 种植抗病品种。合理配置不同类型的抗锈咖啡品种。

5.3.1.2 推荐使用的主要杀菌剂及方法

选用0.5%~1%波尔多液、20%三唑酮乳油1 000~1 500倍液、10%苯醚甲环唑（世高）2 000~2 500倍液、70%代森锰锌可湿性粉剂600~800倍液、65%代森锌可湿性粉剂400~500倍液等对树体进行喷雾防治。为了提高防效，可采用波尔多液与其他药剂交替使用。

5.3.2 咖啡炭疽病

5.3.2.1 防治措施

加强抚育管理，包括合理施肥、中耕除草、行间覆盖、修枝整形、清除枯枝落叶、控制结果量，使植株生长旺盛，增强抗病力。在发病严重季节，每隔7~10 d用杀菌剂喷树体1次。

5.3.2.2 推荐使用的主要杀菌剂及方法

选用0.5%~1%波尔多液、25%多菌灵可湿性粉剂250~500倍液、75%百菌清可湿性粉剂600~700倍液、80%代森锰锌可湿性粉剂600~800倍液、50%甲基硫菌灵可湿性粉剂800~1 200倍液喷树体。

5.3.3 咖啡褐斑病

5.3.3.1 防治措施

加强栽培管理，合理施肥和适当荫蔽。植株发病严重时喷施杀菌剂。

5.3.3.2 推荐使用的主要杀菌剂及方法

选用0.5%~1%波尔多液、25%多菌灵可湿性粉剂250~500倍液、80%代森锰锌可湿性粉剂600~800倍液、50%甲基硫菌灵可湿性粉剂800~1 200倍液、65%代森锌可湿性粉剂400~500倍液等喷树体。

5.3.4 咖啡煤烟病

5.3.4.1 防治措施

做好修枝整形，保持树体通风透光良好。防治措施以防治引发本病的害虫为主。

5.3.4.2 推荐使用的主要药剂及方法

选用30%乙酰甲胺磷乳油500～1 000倍液、0.3%苦参碱水剂200～300倍液、2.5%溴氰菊酯乳油1 000～3 000倍液等防治蚧类、蚜虫等害虫。

5.3.5 咖啡茎干溃疡病

5.3.5.1 防治措施

5.3.5.1.1 旱季对咖啡幼树进行死覆盖或适度荫蔽，增强植株生势。

5.3.5.1.2 冬春季节采用石灰水涂干，石灰水剂配制比例为水20份，生石灰5份，食盐0.5份，以减轻幼树茎干受辐射寒害和太阳灼伤的程度；在定植当年10月结合松土除草，在根茎处垒高土护干，避免根茎裸露受害。

5.3.6 咖啡枝枯病

5.3.6.1 防治措施

5.3.6.1.1 创造适当的荫蔽环境。在无荫蔽咖啡园采用多干轮换整形，保持植株的营养生长与生殖生长的平衡，控制结果量。

5.3.6.1.2 咖啡园台面覆盖厚草，保护根系，调节地上部分与根系之间的平衡。在咖啡盛果期适当增施钾肥。

5.3.6.1.3 注意防治咖啡锈病、褐斑病和炭疽病，可减少该病的发生。

5.3.7 咖啡幼苗立枯病

5.3.7.1 防治措施

5.3.7.1.1 苗圃地不宜连作，整地要细致、平整，高畦育苗，避免苗圃积水。

5.3.7.1.2 播种不宜过密，适当淋水，保持田间清洁。

5.3.7.1.3 苗床播种覆盖沙土前进行土壤消毒。

5.3.7.2 推荐使用的主要杀菌剂及方法

选用45%代森铵水剂300～400倍液、12%萎锈灵可湿性粉剂500～600倍液喷洒畦面，及时拔除病株，对病株周围的健株树冠及根茎喷0.5%～1%波尔多液控制病害蔓延。

5.3.8 咖啡灭字脊虎天牛

5.3.8.1 防治措施

5.3.8.1.1 种植抗逆性强、高产、密集矮生品种，适度荫蔽，合理密植。

5.3.8.1.2 采果结束后，对虫害枝干进行 1 次全园清除，及时处理虫害树。

5.3.8.1.3 人工捕杀害虫。适宜在 4—6 月的 12：00—14：00 时捕捉成虫，产卵和幼虫孵化高峰期抹干。

5.3.8.1.4 清除野生寄主及园内虫源。保护天敌，发挥其生防作用。

5.3.8.2 推荐使用的主要杀虫剂及方法

3—10 月每月用药剂喷树干杀卵 1 次。可用 50% 杀螟丹可湿性粉剂 500～700 倍液、30% 乙酰甲胺磷乳油 400～800 倍液等杀虫剂喷茎干木栓化部位。

5.3.9 咖啡旋皮天牛

5.3.9.1 防治措施

5.3.9.1.1 清除野生寄主，保护天敌。

5.3.9.1.2 5 月下旬即成虫羽化前，用 1 份药剂、25 份新鲜牛粪、10 份黏土和 15 份水调成糊状涂刷树干基部防止成虫产卵。也可在 5—7 月每月用药剂喷树干基部 1 次。

5.3.9.2 推荐使用的主要杀虫剂及方法

作涂剂的杀虫剂可选用 50% 杀螟丹可湿性粉剂、敌毒粉（敌百虫 + 毒死蜱）等按 5.3.9.1.2 推荐的比例配制；喷干可用 50% 杀螟丹可湿性粉剂 500～700 倍液、30% 乙酰甲胺磷乳油 400～800 倍液等杀虫剂喷杀茎干木栓化部位。

5.3.10 咖啡木蠹蛾

5.3.10.1 防治措施

经常检查，结合修枝整形，如发现虫伤枝，特别是幼嫩受害枝条应从虫孔下方剪除并烧毁，消灭枝中害虫，防止咖啡木蠹蛾幼虫转入咖啡主茎钻蛀造成主茎折断。

5.3.10.2 推荐使用的主要杀虫剂及方法

选用 25% 杀虫双水剂 500 倍液、50% 辛硫磷乳油 1 000～1 500 倍液、30% 乙酰甲胺磷乳油 500～1 000 倍液、10% 烟碱水剂 200～250 倍液等喷树体。

5.3.11 咖啡根粉蚧

5.3.11.1 防治措施

5.3.11.1.1 咖啡根粉蚧的寄主范围广，应做好其他寄主的根粉蚧防治，消除虫源。

5.3.11.1.2 定植时，用5%低浓度杀虫剂拌土施入植穴，每亩施用量2~3 kg。

5.3.11.1.3 用30%乙酰甲胺磷乳油600倍液每株300~500 mL灌根。

5.3.11.1.4 注意防治传播媒介蚂蚁，可用50%敌敌畏乳油1 000~1 500倍液喷杀。

5.3.12 咖啡绿蚧

5.3.12.1 防治措施

5.3.12.1.1 保护和利用天敌。

5.3.12.1.2 在旱季虫害严重发生时使用药剂防治。

5.3.12.2 推荐使用的主要杀虫剂及方法

选用30%乙酰甲胺磷乳油500~1 000倍液、0.3%苦参碱水剂200~300倍液、2.5%溴氰菊酯乳油1 000~3 000倍液等喷树体。

5.3.13 咖啡盔蚧

5.3.13.1 防治措施

5.3.13.1.1 保护和利用天敌。

5.3.13.1.2 加强咖啡园的管理，提高咖啡树的抗虫能力，发现虫枝及时剪除。同时，还要防止蚂蚁上树传播盔蚧。

5.3.13.1.3 在若虫高峰期可使用药剂防治。

5.3.13.2 推荐使用的主要杀虫剂及方法

选用30%乙酰甲胺磷乳油500~1 000倍液、25%扑虱灵可湿性粉剂1 500~2 000倍液、0.3%苦参碱水剂200~300倍液、2.5%溴氰菊酯乳油1 000~3 000倍液等喷树体。

附录 A （资料性附录）
小粒种咖啡主要病害及发生特点

主要病害	发生特点
咖啡锈病 *Hemileia vastatrix* Berk. et Br.	咖啡锈病是由咖啡驼孢锈菌引起的病害，主要侵染叶片，有时也为害幼果和嫩枝。受害的叶片后期脱落，易导致枝条干枯；咖啡树结果越多，锈病越重。大量的落叶使尚未成熟的咖啡果实得不到充足的养分供应，产生大量干果、僵果，严重影响咖啡产量和质量 病株上残留的叶片是主要侵染来源。锈菌以菌丝体度过不良环境。小粒种咖啡锈菌夏孢子在温度适宜（14～30℃）有水湿条件时萌芽，在树荫下或叶背面，夏孢子的萌芽率很高，而明亮的光线对夏孢子萌芽有明显的抑制作用。夏孢子形成后，靠气流、风、雨、人畜和昆虫传播 咖啡锈病的发生与种植品种和生理小种种类分布的关系密切，由于寄主—病原菌—环境的相互作用，使咖啡锈病生理小种不断变异，一些抗锈品种会因相对应的新小种出现而丧失抗锈性。因此，在推广新的抗锈品种和使用多品种混种时更要注意品种的合理布局，延长抗锈品种的抗病性
咖啡炭疽病 *Colletotrichum coffeanum* Noack	咖啡炭疽病是一种发生很普遍的病害。它除了为害叶片外，还可侵害枝条和果实，引起枝条回枯和僵果。果实感病后，果皮紧贴在种肉上，使脱皮困难，严重时造成落果 分生孢子萌发时对湿度要求很高，在饱和的相对湿度或有水膜的情况下，温度为20℃时，持续7个小时才能萌芽。孢子萌芽后，芽管直接从叶表皮、果实和枝条的伤口侵入，病害在冷凉及高湿季节，特别是长期干旱后的雨季，发生较严重。一般从11月中旬开始出现病害，3个、4个星期后发展较快，翌年1月后病情才逐渐稳定
咖啡褐斑病 *Cercospora coffeicola* Berk. et Cooke	咖啡褐斑病是半知菌尾孢属病菌引起的病害。该病主要为害生长势弱、无荫蔽、结果多的咖啡树的叶片和果实 病原菌常以菌丝在病组织内越冬，有些地方无越冬现象，整年均可以分生孢子借风传播。发芽适温范围为15～30℃，最适温度25℃。在叶上孢子通过气孔侵入，在果上则通过伤口侵入。已发现蓖麻是它的野生寄主。本菌是弱寄生菌，在寄主受到不良环境影响，抗病力削弱的情况下严重发病。通常土壤瘠薄或管理粗放的咖啡植株，以及无荫蔽条件的咖啡幼树发病较重。相对湿度在95%以上或咖啡植株立地环境长期阴湿最有利于该病发生
咖啡煤烟病 *Capnodium brasiliense* Pullemans	咖啡煤烟病是子囊菌引起的病害，受害咖啡叶片上有粉状的黑色物，后期在叶面上散生黑色小点，容易被水冲去

续表

主要病害	发生特点
咖啡茎干溃疡病 Gibberella stilboides gordon ex Booth	咖啡茎干溃疡病是镰刀菌引起的病害。典型症状是根茎交界部位出现溃疡。也常在植株中部某节茎干或一分枝基部发生，严重时受害部位呈缢缩状，俗称"吊颈子" 此菌在咖啡茎干木栓化组织上以腐生形态存活，当植株受不良环境刺激或损伤时而受侵染。病菌侵入树皮的木栓形成层为害，引起树皮爆裂，形成溃疡病灶，最后造成整株死亡。种植1～2年生的幼龄咖啡树，因树龄小，根茎木栓化程度不高，抗逆能力差，冬季植株正北面受辐射寒害或正阳面（西晒）受日灼出现木质部损伤变黑，有利于病原菌的入侵。在雨量稀少，气温长期干旱的年份，无荫蔽条件和栽培管理差的咖啡幼树发生较重
咖啡枝枯病	咖啡枝枯病是咖啡树的一种生理性病害，是因咖啡结果过多，植株养分（特别是糖分）消耗过多而造成的，能使植株的中层结果枝大量死亡，造成树形破损，严重时整株死亡 此病的发生与林地有无荫蔽、结果数量、土壤肥瘠、肥水管理水平等有密切关系。一般是无荫蔽、施肥（特别是钾肥）少、管理差、结果过多、枝条瘦弱、咖啡锈病落叶严重的植株发病较重，因此在那些无荫蔽、结果过多或管理差的咖啡园严重发生
咖啡幼苗立枯病 Rhizoctonia solani Kuhn.	此病是由立枯丝核菌引起的病害。主要为害幼苗茎基部或茎干，受害部位出现环状缢缩，造成顶端叶片凋萎，整株青枯死亡，是咖啡幼苗期的重要病害 高温高湿、地势低洼排水不良或淋水过多、苗床过分荫蔽、连作或存在其他枯死植物残屑，都利于该病发生

附录B （资料性附录）
小粒种咖啡主要害虫及发生特点

主要害虫	发生特点
咖啡灭字脊虎天牛 Xylotrechus quadripes Chevr	咖啡灭字脊虎天牛以幼虫钻蛀咖啡枝茎，先在树表皮下蛀食，随着虫龄增大，潜入木质部和髓部沿树心向上下蛀食，使咖啡植株枯萎易折断，若是向下蛀入根部，常导致整株枯死 咖啡灭字脊虎天牛在不同咖啡植区的发生规律因越冬虫态和气温不同而有差异。以幼虫在茎干内越冬的翌年主要发生2代，部分以成虫越冬的第2代成虫始见期早，若气温较高，旱季长，1年能发生3代，田间世代重叠 各代成虫出孔后晴天喜在阳坡咖啡树干上活动，交配后的雌虫即在树干粗皮裂缝处产卵。卵散产，一般3～8粒1排，每个雌虫产卵可历时3～5d，产卵量80～150粒 咖啡灭字脊虎天牛为害程度有一个蔓延累积过程，一般规律是4龄以上的咖啡树虫害才逐渐加重，但靠近虫源寄主，该虫害发生早且重。种植密度稀和栽培管理粗放的咖啡园虫害发生较重

附　录

续表

主要害虫	发生特点
咖啡旋皮天牛 *Acalolepta cervina* （Hope）	咖啡旋皮天牛以幼虫为害咖啡树干基部，被害植株外表呈螺旋伤痕，叶片变黄下垂，整株呈现枯萎状，重者死亡，轻者来年不能正常开花结果，需很长时间才能恢复生势 旋皮天牛在云南1年发生1代，以幼虫在寄主内越冬，越冬幼虫于次年3月下旬开始化蛹，羽化后成虫于4月上旬开始啮羽化孔飞出，并取食交尾和产卵，雌虫产卵时先把树皮咬成 1～2 mm 宽的裂缝，每1裂缝产卵1粒。每1株树一般产卵 1～2 粒，多的可超过5粒 咖啡旋皮天牛喜欢为害咖啡幼树，当咖啡植株直径达到 1.5 cm 时，就可被天牛产卵为害，产卵部位多在距地面 10～20 cm 处。树的向阳面产卵多于背阳面。因此，有荫蔽的咖啡树受害较轻。幼虫孵化后即在树干皮层下作螺旋状旋钻蛀取食。由于树茎被连续蛀食 3～4 圈，韧皮部全部被切断，植株到8月、9月开始表现出树势衰弱，枝叶枯黄。10月进入旱季，被害植株缺乏营养和水分，导致受害重的植株死亡。由于幼虫早期都在咖啡树茎干基部皮层旋蛀，在没有蛀入木质部就被天敌捕杀，所以该虫在咖啡树上很少能完成1个世代，为害咖啡的虫源主要是来自野生寄主
咖啡木蠹蛾 *Zeuzera coffeae* （Nietn）	咖啡木蠹蛾是1个为害多种经济作物的害虫。以幼虫为害树干或枝条，致被害处以上部位黄化、枯死或受大风而折断。为害咖啡树的虫源主要来自咖啡园附近的野生寄主 咖啡木蠹蛾寄主较多，在同一个地方因寄主不同，其生活史也有差异。在云南德宏地区，为害铁刀木的咖啡木蠹蛾，1年发生1代，幼虫在枝干内越冬，翌年化蛹，蛹期 25～28 d，成虫于4月开始出现。为害喜树的咖啡木蠹蛾1年发生2代，第2代7月、8月化蛹，蛹期 17～19 d，初羽化的成虫不活动，经数小时后才进行交尾产卵活动。卵产于小枝、嫩梢顶端或腋芽处，卵单粒散产。每1雌虫平均产卵600粒左右，产卵期约2 d，卵期20 d左右 初孵化的幼虫先从枝条顶端的腋叶处蛀入，向枝条上部蛀食，3～5 d 内被害处以上出现枯萎，这时幼虫钻出枝条外，向下转移，在不远处节间又蛀入枝内，继续为害，经多次如此转移，幼虫长大，便向下部枝条转移为害，一般侵入离地 15～20 cm 的主干部。蛀入孔为圆形，常有黄色木屑排出孔外。幼虫蛀道不规则，侵入后先在木质部与韧皮部之间枝条蛀食1圈，然后多数向上钻蛀，但也有向下蛀或横向蛀食
咖啡根粉蚧 *Planococcus lilacinus* Cockrell	咖啡根粉蚧主要以若虫和雌成虫寄生在咖啡根部，初期先在根颈 2～3 cm 处为害，以后逐渐蔓延至主根、侧根遍布整个根系吸食其液汁，严重地消耗植株养分及影响根系生长，使植株早衰，叶黄枝枯，最后因根部发黑腐烂，整株凋萎枯死 咖啡根粉蚧一般1年发生2代。以若虫在土壤湿润的寄主根部越冬，翌春3—4月为第1代成虫盛期，6—7月第2代成虫盛期。世代重叠，一般完成1个世代约经60 d，卵期 2～3 d，若虫期50 d，雌成虫寿命15 d，雄成虫寿命 3～4 d 主要靠蚂蚁传播，蚂蚁取食其分泌的蜜露，并为之起保护作用。一般喜欢在土壤肥沃疏松、富含有机质和稍湿润的园地发生

续表

主要害虫	发生特点
咖啡绿蚧 *Coccus viridis* (Green)	以成虫和若虫固定在叶背、枝条及果上为害，尤其以嫩部分受害较重。除直接吸取寄主汁液外，排泄蜜露积在叶片上，诱致煤烟病发生，妨碍光合作用，植株被害后生势衰弱，严重被害的幼果果皮皱缩，果柄发黄，幼果未成熟即脱落，使得咖啡产量减少，质量降低 咖啡绿蚧1代历期28～42 d，若虫3龄。孤雌生殖1雌虫一生可产卵数百粒，卵置于母体下面。初孵化的若虫在母体下面作短暂的停留，而后分散外出，非常活跃，四处爬行，寻找适宜的场所，定居后不再移动 干旱季节和阴湿且通风不良的环境有利于其发生。雨季害虫能被真菌寄生，使虫口密度急剧下降。该虫在叶片上的分布以叶脉两侧较多，嫩枝上多分布在纵形的稍微凹陷处。低温季节绿蚧繁殖速度下降，为害程度亦减轻
咖啡盔蚧 *Parasaissetia takahashi* sp.	咖啡盔蚧以成虫和若虫有规律地排在叶背、枝条及果上为害。除大量吸取寄主营养物质外，其分泌大量的蜜露成为霉菌的天然培养基，易诱发煤烟病，妨碍光合作用。该虫大发生时，其密被于枝、叶表面，严重影响了咖啡树的呼吸作用，造成植株生势衰弱 咖啡盔蚧种群完全由雌性个体组成，成虫孤雌生殖，繁殖力强，世代重叠，1雌虫可产卵数百粒至上千粒，保护于母体分泌形成的蜡质介壳下。咖啡盔蚧发育要经历3个龄期。1龄若虫个体很小，有显著的触角和足，能快速爬行，分散到刚抽出的新枝梢上，也可借助风力、蚂蚁传播蔓延 在干旱季节此虫发生严重，咖啡园阴湿和通风不良的环境条件有利于害虫的发生

说明：

本标准由中华人民共和国农业部提出。

本标准由农业部热带作物及制品标准化技术委员会归口。

本标准起草单位：云南省热带作物学会、云南省德宏热带农业科学研究所。

本标准主要起草人：李维锐、张洪波、李文伟。

附录九　DB 46/T 276—2014

咖啡黑（枝）小蠹防治技术规程

1　范围

本标准规定了咖啡黑（枝）小蠹[*Xylosandrus compactus*（Eichhoff）]的防治原则、防治原理、防治措施等技术要求。

本标准适用于中粒种咖啡（*Coffea canephora* Pierre ex Froehn）种植区咖啡黑（枝）小蠹的防治。

2　规范性引用文件

下列文件对于本文件的应用是必不可少的。凡是注日期的引用文件，仅所注日期的版本适用于本文件。凡是不注日期的引用文件，其最新版本（包括所有的修改单）适用于本文件。

GB 4285　农药安全使用标准

GB/T 8321　（所有部分）农药合理使用准则

NY/T 359　咖啡　种苗

DB46/T 274　中粒种咖啡栽培技术规程

3　术语和定义

下列术语和定义适用于本文件。

3.1　侵入孔

咖啡黑（枝）小蠹入侵植株枝干时，穿凿树皮后留下的孔口。

3.2　坑道

咖啡黑（枝）小蠹成虫通过侵入孔深入木质部后，在枝干的髓心上下活动形成的亲代和子代共同生活的孔道。

4 防治原则

4.1 应遵循"预防为主、综合防治"的植保方针，根据咖啡黑（枝）小蠹的发生为害规律，综合考虑影响该虫发生的各种因素，以农业防治为基础，协调应用化学防治等措施，实现对咖啡黑（枝）小蠹的安全、有效控制。

4.2 推荐的杀虫剂应是经国家、海南省农药管理部门登记的高效、低毒、低残留的农药。咖啡黑（枝）小蠹防治农药的使用应符合 GB 4285 和 GB/T 8321 的规定。

5 防治原理

根据咖啡黑（枝）小蠹为害状（参见附录 A）及发生规律（参见附录 B）采取农业防治、化学防治等针对性的措施。

6 防治措施

6.1 严格检疫

严禁从咖啡黑（枝）小蠹发生地引进种苗、接穗或插条；一旦发现引进的种苗、接穗或插条带有咖啡黑（枝）小蠹应焚烧或用化学药剂处理。

6.2 农业防治

6.2.1 培育壮苗

培育健壮种苗，种苗质量应符合 NY/T 359 的要求。

6.2.2 清除、远离其他寄主

及时清除咖啡园区周边野生寄主植物；园区附近不宜种植可可、杧果、油梨等其他咖啡黑（枝）小蠹寄主植物。

6.2.3 加强田间管理

适量施用磷、钾肥，适当增施有机肥，合理灌溉，提高植株抗性；及时做好除草、修枝整形等田间管理工作，保持咖啡园田间卫生，具体按照 DB 46/T 274 规定执行。

6.2.4 田间巡查监测

每月巡查 1 次，重点检查 1～2 年生的结果枝和嫩干，发现植株上有侵入孔、粉柱或粉末等被害状时（参见附录 B），应及时采取物理防治或化学防治等措施处理。

6.2.5 清除受害枝条

及时剪除呈为害状的枝条并带出园外集中烧毁或深埋。每年 2 月份之前，结合冬春修枝整形清除受害枝条。

6.3 化学防治

6.3.1 于每年 2—4 月为害高峰期，使用 2.5% 溴氰菊酯乳油 1 000 倍液进行喷雾，杀死坑道外活动的成虫。

6.3.2 从咖啡植株枝干的侵入孔注入 1.8% 阿维菌素乳油 500 倍液，或 2.5% 高效氯氟氰菊酯乳油 500 倍液，并用黏土封堵侵入孔。每隔 7 d 注药 1 次，连续注药 2 次。

附录 A （资料性附录）
咖啡黑（枝）小蠹为害状及识别特征

A.1 分类地位

A.2 为害状

A.2.1 咖啡黑（枝）小蠹以雌成虫钻蛀咖啡枝条及嫩干，导致后期枝条枯死、折断或植株早衰。雌成虫在侵入孔里的穴状交配室内交配后由侵入孔飞出，并在附近枝干上不断咬破寄主表皮，待选择到适宜处便蛀一新侵入孔并由此蛀入枝干髓部，然后纵向钻蛀形成坑道，后产卵于坑道内；幼虫孵化后不再钻蛀新坑道，老熟后即在坑道内化蛹、羽化。

A.2.2 咖啡枝条被咖啡黑（枝）小蠹钻蛀后，首先在侵入孔周围出现黑斑；而被蛀枝条是否枯死视其枝条大小及其所蛀坑道长度而定。长度超过 3 cm 时，大约 15 d 后叶片干枯，导致整枝枯死；直径较大的枝条，所蛀坑道长度不超过 3 cm 时，在侵入孔周围长出大量分生组织形成瘤状突起，而使枝条不致枯死，但多数也因后期果实的重量而压折，严重影响咖啡的产量。嫩干被咖啡黑（枝）小蠹钻蛀后，一般不会导致嫩干枯死，但会影响树干水分及养分运输，导致后期植株早衰。

A.3 识别特征

A.3.1 成虫

雌成虫体长 1.6 ~ 1.9 mm，宽 0.7 ~ 0.8 mm，长椭圆形，刚羽化时为棕色后渐变为黑色，微具光泽，触角锤状，锤状部圆球形。前胸背板半圆形，前缘有1排刻点，6~8个。鞘翅上具较细的刻点，刚毛细而柔软。前足胫节有距4个，中后足胫节分别有距7~9个；雄成虫体长0.7~1.1 mm，宽0.4~0.5 mm，红棕色，略扁平，前胸背板后部凹陷，鞘翅上具较细的刻点，刚毛较长而稀少。

A.3.2 卵

卵长0.5 mm，宽0.3 mm，初产时，白色透明，后渐变米黄色，椭圆形。

A.3.3 幼虫

老熟幼虫体长1.3 mm，宽0.5 mm，全身乳白色。胸足退化呈肉瘤凸起。

A.3.4 蛹

裸蛹，白色，雌蛹体长2.0 mm，宽0.9 mm，雄蛹长1.1 mm，宽0.5 mm。

附录B （资料性附录）
咖啡黑（枝）小蠹发生规律

B.1 田间发生动态

该虫在海南每年发生6~7代，全年世代重叠，每个世代历期长短随季节而变化。在整个发生期，旬平均雨量、旬平均湿度变化对虫口数量上升与下降的变化趋势影响不明显，但温度能显著影响虫口数量。田间种群通常在1月中旬开始出现，2月中旬后，随着旬平均温度的波动上升，虫口急剧增加，3月中下旬为高峰期。高峰期后，随着旬平均温度的继续波动上升，虫口数量于4月下旬开始锐减，7—10月田间虫口极少，11月以后虫口逐渐回升并有受害枯枝出现。

B.2 行为习性

B.2.1 羽化及扩散

咖啡黑（枝）小蠹主要以雌成虫钻蛀为害中粒种咖啡树，很少为害小粒种咖啡树。新羽化的成虫在侵入孔里的交配室内交配，雄成虫继续生活在原坑道内直至死亡，而雌成虫则自侵入孔飞出另找新的场所钻蛀新坑道，飞出时间多在白天12∶00—14∶00。雌成虫有一定的飞行能力，但其扩散一般以爬行为主。

B.2.2 取食及为害

雌成虫在原侵入孔附近枝条上不断咬破寄主表皮，待选择到适宜处便蛀一新侵入孔并由此蛀进枝条髓部，然后纵向钻蛀形成坑道，此时不断有粉蛀状或粉末状木屑从侵入孔排出，侵入孔几乎全朝下；一般1头雌成虫钻蛀1条坑道，坑道内所有其他个体均为其后代。7～10 d后坑道钻蛀完成，与此同时成虫体上所带真菌孢子在坑道壁萌发出一层白色菌丝，作为幼虫和下代成虫的营养来源。

B.2.3 产卵及个体发育

雌虫产卵于坑道内，卵成堆，产卵量与雌成虫在不同时期所钻蛀的坑道长短有关,在成虫生殖高峰期（3月上旬至3月下旬）坑道长一般为2～4 cm，其中长度3～4 cm的占80%，其产卵量多在15粒以上，最多达40～50粒；而在种群数量锐减阶段，坑道长一般为1 cm左右，产卵量5粒以下，个别达9～10粒。幼虫孵化后即取食坑道壁上菌丝，不再钻蛀新坑道，老熟幼虫即在坑道化蛹、羽化。在整个子代发育过程中雌成虫一直成活，守候在坑道直到子代大部分或全部化蛹，或个别新成虫羽化，老成虫才死亡或爬出坑道。

说明：

本标准由中国热带农业科学院香料饮料研究所提出并起草。

本标准由海南省农业厅归口。

本标准主要起草人：孙世伟、刘爱勤、谭乐和、桑利伟、苟亚峰、董云萍。